Waltraud Düwel-Hösselbarth

Ernteglück und Hungersnot

Waltraud Düwel-Hösselbarth

Ernteglück und Hungersnot

800 Jahre Klima und Leben in Württemberg

Mit Unterstützung der

Stiftung
Landesbank Baden-Württemberg

LB≡BW

und der Württembergischen Weingärtnergenossenschaften

KENNER TRINKEN WÜRTTEMBERGER

Die Deutsche Bibliothek – CIP-Einheitsaufnahme

Ein Titeldatensatz für diese Publikation ist bei
Der Deutschen Bibliothek erhältlich.

Umschlaggestaltung: DOPPELPUNKT Auch & Grätzbach GbR, Leonberg,
unter Verwendung einer Abbildung der Bayerischen Staatsbibliothek München

Lektorat: Andrea Welk, Weißenfels
Gestaltung und Satz: DOPPELPUNKT Auch & Grätzbach GbR, Leonberg
Gesamtherstellung: Druckhaus Beltz, Hemsbach
ISBN 3-8062-1711-4

Inhalt

Zum Geleit

Von den Betrachtungen in diesem Buch verstehe ich, wenn überhaupt etwas, viel weniger als die Verfasserin. Aber ich werde mir die Erkenntnisse dieses Buches aneignen, soweit ich dazu intellektuell im Stande bin, und sie in der Argumentation einsetzen. Denn es handelt sich um ein wichtiges Thema von erheblicher Aktualität. Die Voraussehbarkeit und Vorhersagbarkeit des künftigen Klimas hat im Kleinen und im Großen erhebliche Bedeutung. Es ist äußerst günstig, wenn ein Landwirt oder Weingärtner erfährt, dass in ein paar Tagen ein Unwetter sein Getreide oder seine Trauben vernichten wird, denn dann kann er versuchen, noch möglichst viel zu retten. Es ist natürlich auch wichtig zu wissen, ob und inwieweit die menschliche CO_2-Produktion das Weltklima verändert und wie sich dies auswirkt. Ich habe immer behauptet, dass die Veränderung erfolgt, weil dies ein Argument für die Kernenergie ist, für die ich eintrete und weil Menschen, die davon mehr verstehen, mir sagten, dass es so sei. Ich entnehme nun dem Buch von Frau Düwel-Hösselbarth, dass der Sachverhalt komplizierter ist, als ich bisher angenommen hatte.

Jeder von uns hat die Erfahrung gemacht oder hätte sie machen können, dass die Entwicklung von Vorgängen, auf welche Menschen oder auch andere Lebewesen Einfluss haben, in der Regel nicht präzise und sicher vorausgesagt werden kann. Die Frage: »Beißt der Hund den Briefträger oder nicht?« demonstriert das ebenso wie die jährlichen Prognosen des Sozialprodukts durch die Institute, Banken und Informationsdienste. Die Vorhersagen des Bruttosozialprodukts stimmen auf die Kommastelle genau nur aus Zufall. Dennoch sind sie nützlich, denn sie enthalten Wahrscheinlichkeitsaussagen und versuchen die Zusammenhänge darzustellen. Man muss allerdings Prognosen von Prophezeiungen unterscheiden, was angesichts des Selbstbewusstseins manches Prognostikers nicht leicht fällt.

Im Unterschied zum menschlichen Verhalten lassen sich, wenn die nötige Sachkunde vorhanden ist und angewendet wird, viele physikalische und chemische Vorgänge präzise voraussagen. Die Sonnenfinsternis ist in Stuttgart exakt zur vorausberechneten Zeit eingetreten. Was aber nicht vorauszusehen war, ist, dass Wolken den Himmel bedeckten, so dass die verschwindende Sonne eher geahnt als betrachtet werden konnte. Das Wetter wird nach wie vor von so vielen Ursachen beeinflusst, dass sichere Voraussagen schwer sind. Weder das Tief über Schottland noch das Hoch über Nordfrankreich sind voll berechenbar. Wo sichere Aussagen fehlen, sind Auskünfte über Wahrscheinlichkeiten und Unwahrscheinlichkeiten nützlich. Dennoch bleibt das Risiko, dass sich nicht das Wahrscheinliche sondern das Unwahrscheinliche verwirklicht und umgekehrt. So ist es auch in der Politik. Man trage es mit Fassung und verspreche nur das, was man sicher halten kann, also praktisch nichts. Vor der Verfasserin ziehe ich den Hut und wünsche ihrem Buch viel Erfolg.

Stuttgart, im August 2001
Manfred Rommel

Vorwort

Das Wetter spielt in unserem alltäglichen Leben eine wichtige Rolle. Insbesondere in der Freizeit und im Urlaub übt es einen großen Einfluss auf unser Tun und Handeln aus. Zwar sind die Menschen der hoch industrialisierten Länder im Laufe der Jahre immer unabhängiger vom Wetter geworden, große Naturkatastrophen, wie Hochwasser, Schneestürme, Trockenperioden, Orkane und Tornados verursachen aber immer noch Schäden von zum Teil verheerenden Ausmaßen.

Wetter ist Leben; aus diesem Grund zeichneten die Chronisten die Auswirkungen der Witterung auf die Pflanzenwelt auf, wodurch es uns heute möglich ist, einen Einblick in den Wetterverlauf der vergangenen Jahrhunderte zu gewinnen. Es ist höchst selten und somit ein Glücksfall für die Forschung, dass über einen Zeitraum von rund achthundert Jahren aus einem räumlich so eng begrenzten Territorium die nahezu vollständigen Mitteilungen über Wetter und Erträge erhalten geblieben sind. Mag dies an der schwäbischen Gründlichkeit unserer Altvorderen gelegen haben oder gar an dem (Unter-) Bewusstsein, der Nachwelt damit eine Möglichkeit für langjährige Erhebungen zu geben, wir wissen es nicht. Man muss jedoch für die im Stuttgarter Raum aufgezeichneten Beobachtungen dankbar sein, da es auf diese Weise möglich ist, Schlüsse aus der Veränderlichkeit des Klimas zu ziehen und so festzustellen, welche Auswirkungen die Phasen der Erwärmung beziehungsweise Abkühlung auf das Leben der Menschen und ihre Umwelt mit sich brachten.

Ergänzend zu den Beschreibungen des Wetterverlaufs im Stuttgarter Raum werden – wie ein roter Faden im Labyrinth der Witterungsereignisse – die in den jeweiligen Zeiten herrschenden Lebensumstände und wichtigsten Ereignisse kurz geschildert. Die Angst des kleinen Mannes vor der Obrigkeit oder marodierenden Horden sowie die des Kaufmanns vor Überfällen auf seine Warenzüge oder gar das Leben im bestialischen Gestank und Schmutz um die Wohnstätten, der Brutstätte für Krankheiten und Seuchen, kann jedoch nur schwer veranschaulicht werden. In dieser »guten alten Zeit« blieb oft nur die Hoffnung auf günstige Witterung für die Ernte, damit wenigstens die Nahrungsmittelversorgung und somit das Überleben gesichert war.

Die vorliegende Studie, die aus dem Wunsch heraus entstand, die eigenen langjährigen Erfahrungen im Bereich der Agrarmeteorologie auf größere Zeiträume auszuweiten, ermöglicht somit sowohl dem Fachmann als auch dem interessierten Laien einen umfassenden und spannungsreichen Blick in die Vergangenheit unseres Wetters.

Mein Dank gilt den zahllosen Chronisten, deren Beobachtungen die Grundlage für dieses Buch bilden. Beim Recherchieren und Aufspüren der entsprechenden Aufzeichnungen wurde ich von den kenntnisreichen Archivaren und Bibliothekaren des Stuttgarter Staatsarchivs sowie der Landes- und Hohenheimer Universitätsbibliothek tatkräftig unterstützt. Die Anregung zur Bearbeitung des mehrhundertjährigen Witterungsverlaufs aufgrund phänologischer Beobachtungen verdanke ich dem verstorbenen Prof. Dr. G. Buchloh vom Institut für Obst- und Weinbau der Universität Hohenheim. Bedanken möchte ich mich beim Theiss Verlag, der das Manuskript angenommen hat, insbesondere bei Frau Andrea Welk, Herrn Jürgen Beckedorf und Herrn Stefan Brückner, die das Buch beim Entstehen begleitet haben. Dipl.-Met. Dr. E. King vom Deutschen Wetterdienst weckte in mir das große Interesse an der Agrarmeteorologie. Herr Prof. Dr. A. M. Steiner von der Universität Hohenheim lieferte mir wertvolle Hinweise, für die ich mich ebenso herzlich bedanken möchte wie für die Unterstützung und Geduld meines Mannes.

Und schließlich ließ mich meine Tätigkeit am Institut für Physik und Meteorologie der Universität Hohenheim unter Prof. Dr. Walter Rentschler mit Berichterstattungen und Beratungen der Institute, Studenten, Diplomanden und Doktoranden erkennen, dass langfristige Rückblicke auf die Veränderlichkeit des Klimas, verbunden mit den daraus resultierenden Ergebnissen in der Vegetation, notwendig sind, um für die Gegenwart und Zukunft schlüssige Erkenntnisse zu ziehen. Aus diesem Grund entstand bereits zum hundertjährigen Bestehen der Wetterstation Hohenheim die »Chronik der Hohenheimer Meteorologischen Beobachtungen von 1878–1977«, die inzwischen von meiner Nachfolgerin Dipl.-Met. Inge Henning-Müller bis zum Jahr 1999 erweitert wurde.

Welche oft katastrophalen Auswirkungen Klimaschwankungen auf den Anbau und den Ertrag der Feldfrüchte sowie auf Obst und Wein und damit auf das alltägliche Leben der Menschen hatten, soll im Folgenden auf der Grundlage achthundertjähriger Wetterbeobachtungen geschildert werden.

Stuttgart, im Mai 2001

Waltraud Düwel-Hösselbarth

Im Zeitraffer durch die Erd- und Klimageschichte Baden-Württembergs

Für die Erkennung und Einordnung gegenwärtig ablaufender Prozesse ist die Kenntnis der Erd- und Klimageschichte unverzichtbar. Im Vergleich zu diesen ist die Lebensspanne der Menschheit nahezu unbedeutend. Im Zeitraffer nun ein Blick zurück in die Vergangenheit, zur Entstehung der Landschaft Baden-Württemberg.

In der Folge von Verwerfungen, Vulkanausbrüchen und Ablagerungen erhob sich der Buntsandstein als mächtige Stufe (Hornisgrinde, Schliffkopf, Kniebis) über das Grundgebirge des Schwarzwaldes und senkte sich als Tafel allmählich zur Alb, um dort unter den Muschelkalk zu tauchen. Während der Buntsandsteinzeit brach das Meer mit einer Vielzahl von Meerestieren herein und die Salzlager von Heilbronn, Kochendorf, Wilhelmsglück und Wilhelmshall entstanden. Der Meeresboden war mit Kalkschlamm bedeckt, in welchem sich ungeheure Massen von Muschelschalen abgelagert hatten. Die Kalkfelsen im Neckarland, die Felsgärten von Besigheim sowie die Kornsteine des Kocher-, Jagst- und Taubertales, aber auch die Muschelkalkstufe am Egenhäuser Kapf, am Sulzer Eck, am Büchelberg und die steinigen Böden des Hecken- und Schlehengäus sind eindruckvolle Zeugen dieser Zeit.

Nach der wechselvollen Keuperzeit mit seichtem Meer und Sumpflandschaften im Trockenklima (Gipskeuper), kam es zur Ablagerung von Sanden aus dem Bereich des Vindelizischen Gebirges (Schilfsandstein), welche durch die Flüsse angeschwemmt worden waren. Einer roten Staubwüste (Knollenmergel) folgte einbrechendes Jurameer (Räth.), aus dessen Ablagerungsschichten man die verschiedensten Ammoniten, Saurier- und Fischarten sowie Seelilien geborgen hat, die heute im Urweltmuseum Hauff in Holzmaden, im Staatlichen Museum für Naturkunde (Museum am Löwentor, Stuttgart) und im Fossilienmuseum in Dotternhausen zu bewundern sind. Gegen Ende der Jurazeit wurde ganz Süddeutschland durch langsame Hebung zum Festland. Rund 150 Millionen Jahre lang wirkten nun die Kräfte der Abtragung.

In der Folgezeit entwickelten sich die Alpen zu einem mächtigen Gebirge. Im Gegenzug senkte sich das Alpenvorland und der Rheingraben brach ein. Die so entstandenen Senken füllten sich mit dem Wasser des Tertiärmeeres. Seine Strandkliffe ziehen sich von Blumberg am Rande des Hegaus über Tuttlingen, Heldenfingen bis nach Donauwörth. Erneut kam es zur Ablagerung von Gebirgs-

Diese Versteinerung eines Ammoniten, der vor ungefähr 195 Millionen Jahren im Jurameer lebte, wurde im Arietenkalk bei Balingen-Endingen gefunden und ist heute im Fossilienmuseum Dotternhausen ausgestellt.

geröllen. Solch gewaltigen Ereignissen schlossen sich Vulkanausbrüche im Kaiserstuhl, Hegau, Ries und Urach an, während im Bereich der mittleren und östlichen Alb gespannte Gase auf ihrem Weg nach oben Gesteine mitrissen. Die Alb reichte damals noch bis in die Stuttgarter Gegend (Scharnhauser Vulkan).
In der Epoche des frühen Tertiärs (vor rund 67 Millionen Jahren) entstanden Bäume wie wir sie heute kennen. Das Klima war subtropisch warm und feucht und die Vegetation glich der des heutigen Südostasien. Im letzten Tertiärabschnitt, dem Neogen, kam es zu einem drastischen Klimasturz, der alle subtropischen Waldbestände in den heute gemäßigten nördlichen Zonen aussterben ließ oder sie zu Kräutern reduzierte. Dieser vor rund 1,6 Millionen Jahren einsetzende Prozess wurde vom Vorrücken des Eises begleitet. Während des Diluriums drangen Eismassen aus den Alpentälern in den württembergischen Raum ein, der Rheingletscher überzog mit seinem höchsten Stand die Donau bei Sigmaringen-Riedlingen, umgab den Bussen und hüllte den Hohentwiel ganz in Eis: das Eiszeitalter begann.

Der im Verlauf der letzten Eiszeit entstandene hohe Endmoränenwall bildete nun in Oberschwaben die Wasserscheide. Infolge eines Grabeneinbruchs und verschiedener Eisausschürfungen kam es zur Entstehung des Bodensees. Vier Eiszeiten erreichten den süddeutschen Raum: die Günz-, Mindel-, Riß- und Würm-Eiszeit. Sie folgten jedoch nicht dicht nacheinander, sondern wurden durch Warmzeiten, so genannte Interglaziale, unterbrochen. Zwischen der Günz- und der kältesten und ausgedehntesten Eiszeit, der Mindel-Eiszeit, trat eine gut 60 000 Jahre währende Periode gemäßigten Klimas auf. Die klimatischen Verhältnisse dieses Abschnitts sind mit den heutigen vergleichbar. Insgesamt gesehen hatten die Eiszeiten eine beschleunigende Wirkung auf die Evolution. Es bildeten sich ökologische Nischen aus, in denen die Tiere und Pflanzen überlebten, die sich am besten den neuen Gegebenheiten anzupassen vermochten. Vor rund 14 000 Jahren zog sich das Eis zurück. Die sich anschließenden Klimaschwankungen zeigten ein nur geringes Ausmaß. Den Eiszeiten folgten subarktische Perioden, denen sich ein mehr kontinentales, kühles und trockenes Klima anschloss. Mit dem Atlantikum setzte vor circa 7000 bis 5000 Jahren eine relativ feucht-warme Klimaperiode ein. In den baumlosen Tundren siedelten sich Weiden, Birken, Kiefern und Haselnusssträucher an. Und auch die Eiche, die ursprünglich im Bereich der Iberischen, der Apennin- und der Balkanhalbinsel beheimatet war, breitete sich nun großräumig in Mitteleuropa aus. Ihr folgte die Buche.

Diese Phase einer atlantisch-ozeanisch geprägten Witterung wurde wiederum von einem kühlen und trockenen Klima abgelöst. Es folgte die etwa 1500 Jahre andauernde so genannte Nachwärmezeit (die Zeit des klassischen Altertums und des Mittelalters), in der kühles, regenreiches Klima herrschte. Ab etwa 1000 n. Chr. setzte eine relativ warme und trockene Epoche ein, deren Klimaschwankungen die Menschen beobachteten, um sich ihnen anpassen zu können. Es ist historisch belegt, dass von 60 v. Chr. bis 600 n. Chr. eine Abkühlung zur Entvölkerung Nordeuropas führte. Bis zum Anfang des 14. Jahrhunderts folgte eine Erwärmung unter der das Grönlandeis zurückwich, welcher sich wiederum eine »Kleine Eiszeit« anschloss. In der Folge tendierten die Temperaturen unter Schwankungen in wärmere Bereiche. Weniger ausgeprägte, in kürzeren Zeiträumen einsetzende Abkühlungen riefen beispielsweise die »Kleine Eiszeit« des 17. und 18. Jahrhunderts hervor. Das 19. Jahrhundert begann daher zu kalt und endete auch so.

Die derzeitige Erwärmung liegt im natürlichen Schwankungsbereich und kann somit nicht als Indiz für eine generelle, durch die Menschheit verursachte Klimaänderung angesehen werden. Ähnliche Warmphasen traten auch in den vergangenen Jahrhunderten auf. Elisabeth Knapp führte in ihrer Dissertation aus, dass in der warmen Periode vom 8. bis zum 13. Jahrhundert, im Jahr 1186 die Obstbäume bereits im Januar blühten und die Äpfel im Februar haselnussgroß waren. Die Recherchen für folgende Aufzeichnungen ergaben, dass ähnliche Ereignisse häufiger auftraten. So schlugen zum Beispiel Weihnachten 1289 die Bäume aus und die Kinder badeten in den Flüssen. Im darauf folgenden Februar gab es reife Erdbeeren und auch 1328 setzte die Baumblüte stark verfrüht im Januar ein.

Frühe Wetterberichte und die Einflüsse des Klimas

Die Vergangenheit des Wetters: Erste Wetterbeobachtungen

Auf die gegenwärtigen Fragen »Kommt es zu einer globalen Erwärmung?« und »Ändert der Golfstrom seinen Lauf und geht Europa dadurch einem Temperaturrückgang entgegen?« lassen sich keine schlüssigen Antworten finden.
Doch so alt wie die Menschheit selbst, ist das Bemühen, den Witterungsablauf zu verstehen und Antworten auf ebensolche Fragen zu finden. Auf babylonischen Tontäfelchen wurden bereits vor 6000 Jahren Wetterregeln aufgezeichnet. Den ältesten Wetterbericht findet man jedoch im 4000 Jahre alten Gilgamesch-Epos, in welchem es heißt: » ...als es sechs Tage und Nächte geregnet hat ...«. Schwere Überschwemmungen zerstörten das kulturelle Leben im Zweistromland zwischen Euphrat und Tigris weitgehend.
In der biblischen Sintflutlegende regnete es 40 Tage lang. Außer Noahs Arche wurde alles Leben auf der Erde, vom Mensch an bis hin zu den Tieren vernichtet. Professor Petko Dimitrov aus Bulgarien und die beiden amerikanischen Wissenschaftler Walter Pittman und William Ryan vom New Yorker Lamont-Doherty Earth Observatory stellten 1997 ihre Forschungsergebnisse über den Sintflut-Mythos vor. Sie datierten die hydrologische Naturkatastrophe auf eine Zeit vor 7500 Jahren. Das Schwarze Meer – bis dahin ein Süßwasser-Binnengewässer – wurde durch den weltweiten Anstieg der Ozeane vom Mittelmeer her über die Schwelle des Bosporus von tosenden Wassermassen überflutet. Der Bosporus, was übersetzt soviel wie »Ochsenfurt« heißt, wurde vermutlich vor der Katastrophe zum Viehtrieb genutzt. Möglicherweise hatte ein Erdbeben die Meerenge geöffnet. Weite Landstriche versanken unter den Fluten. Bohrkerne und Sedimentanalysen sollen nun beweisen, dass 100 000 Quadratkilometer fruchtbares Land und blühende Kultur unter dem neuen Schwarzen Meer versanken. Eine erste Bestätigung dieser These stellen die Reste eines Hauses sowie Steinwerkzeuge dar, die Robert Bauard im September 2000 in 100 m Tiefe freilegte.
Die Versuche Wettervoraussagen zu erstellen, leiteten sich in der Antike aus der Beobachtung des Sternenlaufs ab. Über die Araber, die diese Methode später übernahmen, erreichte sie im Mittelalter das Abendland. Hier erschienen seit 1470 Volksbücher, wie der »Lucidarius« sowie Sammlungen zahlloser Bauernweisheiten. Mit dem Wetter und den Pflanzen befassten sich auch K.V. Mengen-

bergs »Buch der Natur« (1475) und Leonard Reimanns »Wetterbüchlein« (1508). Der Astronom und Mathematiker Johannes Kepler (1571–1630) legte meteorologische Tagebücher an. Abt Moritz (Mauritius) Knauer (1613–1664) führte sieben Jahre lang – von 1652 bis 1658 – im Kloster Langheim bei Bamberg genaue Wetteraufzeichnungen sowie Beobachtungen über die Pflanzenentwicklung (Phänologie) und über das Auftreten von Krankheiten (Medizinmeteorologie) durch. Knauer war, wie viele seiner Zeitgenossen, der Überzeugung, dass die Sterne das Wetter bestimmen. So würden – dem Wissen jener Zeit entsprechend – Saturn, Jupiter, Mars, Sonne, Venus, Merkur und Mond abwechselnd das Wetter beeinflussen. Aufgrund dessen gelangte man zu der Überzeugung, dass sieben Beobachtungsjahre ausreichen, um künftig das Wetter vorhersagen zu können. Die verheerenden Folgen des Dreißigjährigen Krieges hatten Knauer zur Durchführung dieser Beobachtungen veranlasst. Er wollte es auf diese Weise möglich machen, künftig Ratschläge für die Bestellungs- und Erntearbeiten geben zu können und Aussagen über die zu erwartende Weinlese zu treffen. Knauer starb jedoch, ohne seine Beobachtungen veröffentlicht zu haben. Später wurden seine Unterlagen, mit allerlei astrologischen Zusätzen versehen, unter dem fragwürdigen Titel »Der hundertjährige Kalender« von geschäftstüchtigen Zeitgenossen verbreitet.

Bereits 1831 stellte man Überlegungen darüber an, ob das Klima in den vergangenen Jahrhunderten Veränderungen unterworfen gewesen sei. Im 18. »Correspondenzblatt des Wttbg. Ldw. Vereins« teilte Prof. Schübler damals mit, »... dass die schon frühzeitig beginnenden Nachrichten über das Gedeihen des Weines und das sich darauf beziehende Klima, Aufschlüsse über die Witterungsverhältnisse in den vergangenen Jahrhunderten geben können.«

Heute sind zahllose Forscher damit befasst, aufgrund nachweislicher Klimaänderungen, Prognosen zu erstellen. Gletscherforscher, die mittels Eisbohrungen auf Grönland versuchen in die Klimageschichte vorzudringen, berichten über das Vorstoßen und Schwinden der Gletscher. Neue Erkenntnisse erbrachte ein Fund auf der Pasterze, dem größten österreichischen Gletscher des Großglockners. Hier fand man vor einigen Jahren eine Zirbe, die etwa 10 000 Jahre im ewigen Eis geruht hatte. Der gefundene Baum hatte ein Alter von 200 Jahren erreicht, ehe ihn das Eis umschloss. Dieser erste Baumfund in diesem Gebiet, entdeckt von einem Gletscherforscher der Universität Salzburg, ist ein Beweis dafür, dass während einer Wärmeperiode vor über 10 000 Jahren, die Vegetation in diese Höhen vorzustoßen vermochte.

Wenn man heute davon ausgeht, dass das Klima Änderungen unterworfen ist, liegt es nahe, sich mit der Vergangenheit zu befassen, denn Schwankungen gab

es zu allen Zeiten. Von einer Gleichmäßigkeit im Witterungsablauf konnte nie die Rede sein. Für die Menschen der vergangenen Jahrhunderte hatten diese Änderungen lebensbedrohliche Auswirkungen, da Missernten zu Hungersnöten führten.
Heute sorgen Überbevölkerung, Versiegelung der Landschaft, Verdrängung der natürlichen Umwelt und Luftverschmutzung für neue Ängste. Vor Dürre in vielen Teilen der Tropen und Subtropen, vor Überschwemmungen, Unwettern und Missernten gibt es keinen Schutz. Obwohl die landwirtschaftliche Produktion mit dem Bevölkerungswachstum noch Schritt zu halten vermag, kommt es in verschiedenen Teilen der Erde zu Hungersnöten. Der Lebensraum wird immer enger, und die sichere Aussicht auf explosionsartig entstehende Megastädte fördert nicht die Hoffnung auf Erfolg einer gewünschten weltweiten Reduzierung des Schadstoffausstoßes. Häufig werden Modellrechnungen erstellt, die oft zu marktschreierischen Horrormeldungen in den Medien führen.
Wir sind Kinder einer Welt, deren Mutter das Klima ist. Unter günstigen Bedingungen entwickelten sich hohe Kulturen, die jedoch wieder zusammenbrachen, sobald der positive Einfluss versiegte. In einer Prophezeiung Leonardo da Vincis heißt es: »Die Werke der Menschen werden Ursache ihres Todes sein.«

Berichterstattung über Jahrhunderte: Die Natur, der Mensch und der Himmel

Die Chronisten vergangener Zeiten, die über außergewöhnliche Naturereignisse ebenso berichteten wie über den allgemeinen Wetterablauf, zogen zur zeitlichen Einordnung der Geschehnisse die Heiligentage heran. Begriffe wie Herbst und Winter galten meist für die Zeit der Weinlese beziehungsweise für die Dauer der Schneebedeckung. Dürre, Stürme, Hagelschläge, Überschwemmungen, Schneefälle und die dadurch entstandenen Schäden fanden ebenso Einlass in die Überlieferungen wie die Entwicklung oder Stagnation der Vegetation, so dass ein relativ umfassendes Bild der jeweiligen Klimaverhältnisse vorliegt. Aber auch die Nöte der Menschen während der Hungerszeiten und Seuchen sowie der kriegerischen Auseinandersetzungen und Hexenverfolgungen wurden in den Chroniken festgehalten.
Die aus verschiedenen Berichten entnommenen Nachrichten über die Qualität des Weines setzen im Jahr 1236 ein und beziehen sich auf die Lagen um die junge Stadt Stuttgart. Anhand der Beurteilungen – süßer Wein, saurer Wein – lassen

sich schlüssige Hinweise auf den Witterungsverlauf und die Ernteergebnisse ziehen. Die Bemerkungen über »nichtbezogene Weinberge und deshalb erfrorene Reben« betreffen die Pflegemaßnahmen an den Weinstöcken. Bei einem »bezogenen Weinberg« wurden die Reben von den Stöcken abgebunden, umgelegt und mit Erde bedeckt, um nach der Frostperiode wieder aufgerichtet und an den Stöcken angebunden zu werden.

Neben den Naturereignissen wurde auch der Verlauf der Himmelskörper beobachtet und schriftlich festgehalten. Aufzeichnungen über Kometen oder Meteore, die im Volksmund »fallende Sterne« genannt wurden, sind ebenfalls überliefert. So werden Erscheinungen, die größere Helligkeit erreichen und sich am Himmel langsamer bewegen, Bolide genannt. Das Wort Meteor, was »vom Himmel fallend« bedeutet, entstand gleichzeitig mit der Meteorologie, also der Wetterkunde. Seit jeher war man der Ansicht, dass Meteore zu den Erscheinungen gehören, die das Wetter machen oder beeinflussen. In alten Zeiten sahen die Menschen in ihnen eine Drohung des Himmels und waren durch zahlreiches »Fallen der Sterne« beunruhigt, weil sie es auf bedeutende Begebenheiten auf der Erde bezogen. Im Verlauf der Wetterbeobachtungen wurde in früheren Jahrhunderten häufig das Auftreten von Nordlichtern beschrieben. Bei starker Sonnenaktivität sind diese bis in südliche Breiten sichtbar. Die Ursache für ihr Erscheinen liegt am Strom atomarer Teilchen, die von der Sonne in die Umgebung sprühen und mit den Wasserstoff-, Sauerstoff- und Stickstoffatomen der irdischen Lufthülle zusammenstoßen und diese zum Leuchten anregen. Die Sonne strebt in einem elfjährigen Zyklus dem Höhepunkt ihrer Aktivität zu. Ein solches Maximum wurde im Jahr 2000 erreicht. In der Nacht vom 6. zum 7. April 2000 konnte auch im Stuttgarter Raum ein Polarlicht beobachtet werden.

Der Einfluss der Sonne auf das Klima

Im Laufe der Erdgeschichte traten immer wieder Jahrhunderte andauernde Phasen äußerst starker oder nahezu verschwindender Sonnenaktivität auf. Extreme, die sich offenbar dramatisch auf das Erdklima auswirkten. Der magnetische Antrieb der Sonne scheint mitunter aus dem Takt zu geraten. Zurzeit beschert die ungleichmäßige Drehung der Erdachse der Nordhalbkugel einen erhöhten Sonnengenuss. Mit dem am 2. Dezember 1995 gestarteten Raumfahrzeug SOHO hoffen die Wissenschaftler endlich der Ursache für den Elf-Jahres-Zyklus einer Magnetfeldumkehr der Sonne auf die Spur zu kommen.

Die Analyse radioaktiver Elemente in Baumringen lässt auf eine erhöhte Sonnenaktivität in den ersten 200 Jahren des vergangenen Jahrtausends schließen. Dies führte zu jener Warmzeit, in der sich die Wikinger in Grönland niederließen und eine florierende Kolonie gründeten. In Brattahild, dem Ausgangspunkt für die Fahrt zur »Neuen Welt«, lebten zu der Zeit etwa 4000 Menschen. Bereits im 14. Jahrhundert jedoch, litten die grönländischen Siedler unter Kaltlufteinbrüchen. Schlechte Ernten und das Vorrücken der Gletscher zwangen 1350 zur Aufgabe der nördlichsten Ansiedlungen, bis es schließlich Anfang des 15. Jahrhunderts zu einem Aus für die gesamte Kolonie kam.
Was war geschehen? Die Sonne war von einem Extrem in das andere gefallen. Die Sonnenflecken hatten sich aufgelöst, wie es nicht nur für die Zeit von 1400 bis 1510, sondern auch von 1645 bis 1715 nachweisbar ist. Diese Jahrzehnte fehlender Sonnenaktivität fallen genau in die kältesten Phasen jener Epochen, die in Europa als »Kleine Eiszeiten« bekannt sind und zu Missernten und Hungersnöten führten. Mit ihren auffallend zahlreichen Winter- und Eisszenen schufen die holländischen Meister des 17. Jahrhunderts sichtbare Beweise für diese klimageschichtliche Besonderheit.

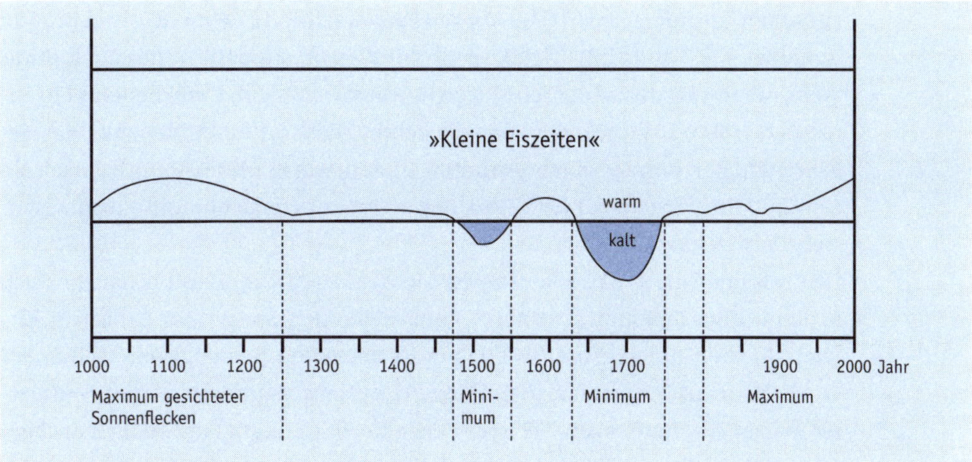

Die Grafik zeigt den Klimaverlauf der letzten 1000 Jahre (relative Temperaturschwankungen) nach verschiedenen Beobachtungen in England, Frankreich und Deutschland. Man erkennt das mittelalterliche Klimaoptimum um 1150, die »Kleinen Eiszeiten« vom 15. bis zum 18. Jahrhundert sowie die gegenwärtige Erwärmung.
Der Superintendent Maunder vom Observatorium Greenwich stellte in den 1890er-Jahren als Erster die Klimabeeinflussung durch Sonnenfleckenschwankungen fest. So bezeichnet man den Zeitraum von 1675–1715 in der Historischen Klimatologie als Maunder-Minimum.

Bedrohlich sind auch die so genannten »koronaren Massenauswürfe«. Diese Gaswolken rasen durch den Weltraum, erreichen nach rund drei Tagen die Erde und lösen die gefürchteten magnetischen Stürme aus, die zum Erliegen ganzer Stromnetze führen können. Zu einem derartigen Zwischenfall kam es am 13. März 1989 in der kanadischen Provinz Quebec. Der magnetische Sturm induzierte Spannungsspitzen in den Überlandleitungen und zwang zu Sicherheitsabschaltungen bei den wichtigsten Kraftwerken. Sechs Millionen Kanadier saßen eine Nacht lang im Dunkeln.
Die Sonnenforscher sind sich darüber einig, dass der »solare Ofen« langfristig für eine ultimative Klimaänderung sorgen wird. Irgendwann, in vielen Millionen Jahren, wird die ansteigende Hitze der Sonne die Erde in eine lebensfeindliche Hölle verwandeln.

Das Wetter und der Wein

Seit der Antike ist der Wein eines der wichtigsten landwirtschaftlichen Erzeugnisse. Mit der Feststellung »In vino sanitas« wurden viele Krüge auch aus medizinischen Gründen geleert. Der Apostel Paulus schrieb in seinem ersten Brief an Timotheus (1 Tim 5, 23): »Trink nicht nur Wasser, sondern nimm auch etwas Wein, mit Rücksicht auf deinen Magen und deine häufigen Krankheiten.« Für Paracelsus (1493–1541) war der Wein ein echtes Universalheilmittel, mit dem viele Krankheiten besiegt werden konnten. Zudem war es seiner Meinung nach ein Getränk, das »feuchtes und kaltes Temperament erfrischt« und »zusammenzieht, was trocken und heiß ist.«
Ob die Römer, die den Weinbau an der Mosel und am Rhein einführten, ihn auch in den Stuttgarter Raum brachten, ist unklar. Mit dem steigenden Bedarf der Kirchen, Klöster, Abteien und weltlichen Herrschaften jedoch, breitete sich der Weinanbau auf Terrassen an den Hängen des Neckars und den steilen Stuttgarter Bergen aus. Bereits um 708 ist der Weinbau in Cannstatt urkundlich nachgewiesen, der Anbau in Stuttgart setzt wahrscheinlich im 10. Jahrhundert, spätestens jedoch im 12. Jahrhundert, ein. Der erste schriftliche Nachweis stammt aus dem Jahr 1108, als ein Mönch namens Ulrich dem Kloster Blaubeuren Weinberge in Stuttgart schenkte. Von der Wende zum 12. bis ins 14. Jahrhundert nahm der Weinbau vor allem auf den Hanglagen der westlichen Flussgebiete wie Rhein, Mosel, Nahe, Saar und Neckar erheblich zu. Da es beim Weintrinken nicht nur auf den Genuss, sondern auch auf den Rausch ankam, dehnte sich der Anbau

Ein jüdischer Arzt mit seinem Patient auf einem Holzschnitt aus dem Jahr 1487. Der Wein gehörte als Medikament im Mittelalter selbstverständlich zur Krankenpflege.

von Reben bis nach Ostpreußen aus, also in eine Gegend, in der das Klima keine gute Weinqualität versprach. Sogar Bayern war bis in die Mitte des 15. Jahrhunderts eher Weinanbau- als Bierproduktionsgebiet.
Frühzeitig einsetzende Chroniken aus dem Stuttgarter Raum, die über Entwicklung und Gedeihen der Reben berichten, geben Aufschluss über den Witterungs-

verlauf in den Jahrhunderten, in denen noch keine regelmäßigen meteorologischen Beobachtungen vorgenommen wurden. So ermöglicht die Pflanzenbeobachtung eine Aussage über den Verlauf des Klimas und seiner Schwankungen. Die Pflanze ist das lebendige Instrument, das auf Temperaturschwankungen, Niederschlag und Sonne reagiert. Diese Beobachtungen richteten sich vor allem auf die Reben, seltener auf Obstgehölze oder Halmfrüchte, denn für die Reife der Trauben spielt der Klimafaktor eine große Rolle, benötigen sie doch während der langen Vegetationsdauer viel Licht und Wärme.

Der Termin der Rebblüte hängt in der Regel von der Maitemperatur ab, kann aber bedingt durch warme Vormonate auch verfrüht einsetzen. Einer ungestörten frühen Blüte folgt meist eine zeitige Lese, so zum Beispiel in den Jahren 1290, 1328 (am 8. August), 1420 (am 25. Juli), 1427 (im August) und 1473 (am 14. September). Im Jahr 1540 reiften unter subtropischen Temperaturen bereits im Juli die Trauben. Am 24. August begann man mit der ersten Weinlese. Nach Niederschlägen Anfang Oktober quollen die unter der Hitze ausgetrockneten Trauben auf, so dass zum zweiten Mal geerntet werden konnte. Ein feuriger Wein war das Ergebnis. Im September – also rund einen Monat vor dem normalen Termin – setzte die Lese in den Jahren 1605, 1610, 1615, 1616, 1620, 1631, 1653, 1655, 1718 (ab 24. Juli), 1719, 1727, 1794 und 1822 ein. Dies deutet darauf hin, dass es in der Vegetationsperiode von April bis September wärmer als gewöhnlich war. Ab 1450 liefen die Termine der Weinlese parallel zu den Perioden der Vorstöße und Rückzüge der Gletscher. Kalt- und Warmphasen wechselten sich häufig innerhalb weniger Jahrzehnte ab.

Günstige klimatische Verhältnisse sind die Voraussetzung für das Gedeihen der Reben und bringen die Harmonie zwischen fruchtiger Säure und sonnenreifer Süße hervor. Allgemeingültige Werte kann es aber bei einem so lebendigen und sensiblen Produkt wie dem Wein nicht geben. Jeder Jahrgang hat unverwechselbare und für ihn charakteristische Merkmale. Das Werden des Weins hängt von der Weinbergpflege genauso ab wie von Art und Alter der Rebstöcke, dem Wetter und der Arbeit im Keller. Der Winzer liebt das Ausbleiben von Spätfrösten, gefolgt von einem warmen Sommer, sonnigen Herbstmonaten und milden Wintern. Siebzehnmal muss der Weingärtner im Jahr um den Stock herumgehen, letztendlich sind die Leseergebnisse jedoch von der Witterung abhängig.

Der Alltag des Winzers entbehrt jeglicher Romantik und bis ein neu gepflanzter Rebstock den ersten »Jungfernwein« liefert, vergehen Jahre. Dennoch sind die Winzer keine Kinder von Traurigkeit, gefeiert wird aber erst, wenn die Weinlese abgeschlossen ist. Früher mag es anders gewesen sein, wie Guilielmus Stuckius in seinem 1695 erschienen »Opera« berichtet: »In Frankreich und manchen Gegenden Deutschlands besteht zur Zeit der Weinlese die Freiheit, dass Burschen und Mägde nach dem Essen, das aus Hirse und Fleischzukost besteht, untereinander spielen und huren, indem die Burschen den Mägden die Brüste bloßlegen und küssen .... Nach Beendigung der Weinlese feiern sie ein Gelage, das sie Herbstbad nennen.«

Bereits im Mittelalter versuchte man die Qualität des Weines mithilfe verschiedenster Methoden zu verbessern. Im Jahr 1300 beschrieb Villanova den Einsatz von Zucker »zur Beraytung des Weins«. Auch wahrhaft exotische Zusätze wie Kalk, Asche, Rosinen, Datteln, Feigen, Honig, Alkohol, Blei, Gold, Senf, Eier, Speck, Milch und Blut wurden den Mosten zugefügt. Giftiges Schwermetall wie Blei sollte die Säure des Weins brechen. Kam diese »Weinveredelung« ans Licht, so wurden dem Winzer zur Strafe Stifte durchs Ohr getrieben.

In der Jetztzeit sorgen teilweise High-Tech-Verfahren der Önologen für die nötige Qualität. Neben traditionell arbeitenden Kellereien existieren auch regelrechte Weinfabriken, die sich alle Mittel der Technik zunutze machen. So wird neben künstlichem Eiswein (Einfrieren der Trauben im französischen Sauternes-Gebiet) bei amerikanischen, australischen und südafrikanischen Winzern u.a. ein falscher Barriquewein hergestellt. Anstatt in teuren, kleinen Eichenfässern (Barrique) gelagert, entsteht in Tanks mithilfe von angeflammtem Kleinholz in kleinen Säckchen – die das Holz- und Röstaroma abgeben – und einer Mikrooxydation per Sauerstoffpumpe ein »Barriquewein«, der im Geschmack vom echten selbst von Kennern kaum zu unterscheiden ist. Noch ist diese Praxis nur in Übersee gängig, doch wird sie aufgrund des Konkurrenzdrucks vielleicht auch in der Europäischen Union zugelassen werden und der Verbraucher wird sich wohl oder übel auf »Technowein« einstellen müssen.

Stuttgarts Anfänge: Vom sumpfigen Tal zur großen Weinbaugemeinde

Das heutige Stuttgart liegt in einem ursprünglich wasserreichen, moorigen Wiesental, an dessen Hängen sich in der Vergangenheit Urwälder befanden. Fehlende archäologische Funde legen die Vermutung nahe, dass das Tal selbst anfangs nicht besiedelt war. Bevorzugt wurden die Anhöhen, auf denen man Gräber und Spuren von Wegen sowie Funde aus römischer Zeit fand. Beim Esslinger Tor stießen Bauern 1623 bei Grabungsarbeiten auf eisenharte Mooreichen.
Erste Hinweise auf eine Besiedlung des Tales liegen aus dem Jahr 948 vor. Die Chronisten berichteten, dass Herzog Liudolf von Schwaben, der Sohn Kaiser Ottos I., im Tal einen »Stuttengarten« angelegt habe. Ein etwa zwanzig Schritte hinter der Stiftskirche gelegenes Haus wird in den Aufzeichnungen als das alte »Stuttenhaus« bezeichnet. Es ist heute jedoch nicht mehr erhalten, sondern wurde 1944 durch Bomben zerstört. Auf die Urbarmachung des Feldes, das so genannte »Ausstocken«, weist noch heute der Name des Stadtteils Stöckach hin.
Stuttgart stand lange im Schatten der Ursiedlung Cannstatt, bis es diese als Stadt überflügelte und zur Residenz der Herzöge und Fürsten aufstieg. Anfang des 12. Jahrhunderts gehörte das Stuttgarter Tal den Freiherren von Beutelsbach. Durch Erbschaft fiel es in der Folge Konrad von Wirtemberg zu. Über die Erbauung des Schlosses und dessen Bauherrn gehen die Angaben in den verschiedenen Aufzeichnungen auseinander. Sie hatte jedoch die Ansiedlung einer Vielzahl von Menschen zur Folge, die hier Arbeit oder Schutz suchten. Unter dem wohlbefestigten Schloss befand sich der größte Keller des Schwabenlandes, in welchem die Freiherren von Beutelsbach ihren Wein zur sicheren Aufbewahrung in der oft unruhigen Zeit lagerten. Als Oberherren bezogen sie beträchtliche Weingefälle. Ab dem Jahr 1236 treten in den Chroniken Angaben zu Witterung und Landwirtschaft auf.
Um 1286 wurde Stuttgart als eine mit Mauern, Türmen und Gräben befestigte Stadt beschrieben. Wahrscheinlich war es Graf Ulrich der Stifter, der in jener fehdenreichen Zeit Mitte des 13. Jahrhunderts die genannten Befestigungsbauwerke errichten ließ, zu deren Erhaltung die Herrschaft, die Stadt und das Amt gemeinsam verpflichtet waren. Mit Graf Eberhard I., dem Erlauchten (1265–1325), und seinem Umbau der Wasserburg und der Verlegung des Familienstiftes sowie der Grablege von Beutelsbach nach Stuttgart wurde die endgültige Lage der Stadt besiegelt.

Weinbau und Kelter in alter Zeit. Der Bildhauer Eugen Häfele fertigte dieses vollplastische Holzrelief nach Untertürkheimer Szenen.

In der unmittelbaren Umgebung Stuttgarts befanden sich im Jahr 1304 nicht weniger als 37 Weingartenhalden. 1350 betrug die Fläche der zehntpflichtigen Weingärten 1593 Morgen, daraus ergibt sich, dass in jenen Zeiten um die Stadt und im Neckartal erheblicher Weinbau betrieben wurde.

Da die rasch zunehmende Bevölkerung bald keinen Platz mehr innerhalb der Ringmauern fand, wurde die Stadt in Richtung Süden erweitert. Seit 1334 stand zwischen Gärten und Wiesen die St. Leonhardskapelle, von der sich der Name des neu entstandenen Stadtteils St. Leonhardsvorstadt ableitete. Im Stuttgarter Zinsbuch von 1350 werden hier eine Judengasse und eine Judenschule aufgeführt, was darauf hinweist, dass die im Jahr 1349 in den schwäbischen Reichsstädten stark verfolgten Juden unter den Schutz der Grafen von Württemberg geflüchtet waren.

Zeitgenossen schilderten im 16. Jahrhundert ihren Eindruck von Stuttgart. Der Ravensburger Ladislaus Suntheim, Domherr zu Wien, schrieb um 1500: »Studgarten ist die Hauptstadt in dem Land, da rinnt kein namhaft Wasser als ein Bach, genannt Weltzimdreckh, liegt im Weingebirg, nicht fern vom Neckar, da halten die Herren von Wirtemberg ihren Hof«.

Ulrich von Hutten besuchte 1519 die Stadt und rühmte die Schönheit der Gegend, die man in Deutschland anderswo kaum besser finden könne. In einem Brief an Friedrich Piscator schrieb er: »Das Feld ist vortrefflich, das Klima ausnehmend gut und gesund, Berge, Wiesen, Täler, Flüsse, Quellen, Wälder, alles sehr angenehm, die Früchte gedeihen, wie fast nirgends, der Wein ist nach Landesart, Stuttgart selbst nennen die Schwaben das Paradies auf Erden, so anmutig ist seine Lage«.

1545 beschrieb Johann Tethinger, Schulmeister in Freiburg, Stuttgart: »Die Stadt liegt in einer Ebene, ringsum von bis an den Gipfel mit Reben bepflanzten, auf dem Rücken bewaldeten Bergen umgeben, welche guten Wein liefern. Die Ebene selbst ist trefflich angebaut, Gärten wechseln mit Wiesen, Getreidefelder jedoch gibt es wenige. In der Umgebung finden sich ansehnliche, an Bauart der Häuser und Wohlhabenheit der Bewohner von Städten nicht unähnlich, an Vieh und Frucht reiche, stark bevölkerte Ortschaften. Durch die Stadt fließt ein kleiner Bach dem Neckar zu, welcher ihr manchen Nutzen bringt und nur selten durch Überschwemmungen schadet. Stuttgart ist die Hauptstadt des Herzogtums, zwar nur von mittlerer Größe, aber doch vor allen Landstädten ausgezeichnet. Es enthält stattliche Gebäude und hat gepflasterte Straßen. Mit Quellen und Bronnen ist es reichlich versehen und durch Mauern, Türme, Wälle, Bollwerke und Gräben geschützt, so dass man es nicht leicht erobern kann. Es wohnen hier viele Adelige und andere angesehene Männer, auch hat es eine tüchtige Bürgerschaft. Die durch Reichtum und Geburt ausgezeichnetsten Bürger gehören meist zum Hofe und zu der Kanzlei. Viele treiben Handel, andere mechanische Künste und Handwerk. Das Volk aber beschäftigt sich vornehmlich mit der Viehzucht, dem Garten-, Wein- und Obstanbau«.

Gabelkhovers Chronik von Stuttgart schildert am ausführlichsten die Lage und das Leben in der Stadt vom Ende des 16. bis zum Beginn des 17. Jahrhunderts. Aus den Aufzeichnungen wird ersichtlich, dass es zahlreiche Weingärten gab und Stuttgart der Ort mit dem ausgedehntesten Weinanbau in Deutschland war. Oft wurden 1000 Eimer Wein in der Stadt aufbewahrt, so dass ein schwäbisches Sprichwort mit Recht lautet: »Stuttgart habe mehr Wein als Wasser«, obwohl es an letzterem nicht fehlt. Auf den Weinreichtum der Stadt bezieht sich auch eine französische Redensart: »Wenn man in Stuttgart nicht einsammelte den Wein, so würde bald die Stadt in Wein ersäufet sein«.

Leben in Abhängigkeit vom Grundherrn: Der Zehnt und die Bauernaufstände

In diesem Jahrhundert kam es immer wieder zu lokal begrenzten Unruhen auf Seiten der Bauern, die für alte Rechte und geringere Abgaben kämpften. Als Beispiel sei der Aufstand der friesisch-sächsischen Stedinger genannt, der jedoch im Jahr 1234 durch ein Kreuzheer ein blutiges Ende fand. Der Erzbischof hatte den politischen Streitfall kurzerhand in einen religiösen umgewandelt und die aufgebrachten Bauern vom Papst zu Ketzern erklären lassen. Bereits seit einigen Jahrzehnten prägten Ketzerverfolgung und Inquisition das Vorgehen der Kirche. Die Bauern lebten in Abhängigkeit von ihrem Grundherren (König, Adel, Klerus), welcher das Recht besaß, Abgaben und Dienste von ihnen einzufordern. So mussten die Bauern zehn Prozent des Bodenertrages sowie ihres Viehbestandes an den Grundherrn abgeben. Dieser so genannte Zehnt wurde im 5. Jahrhundert nach biblischem Vorbild von der Kirche eingeführt und erst im 18./19. Jahrhundert abgeschafft. Das Leben war stets gefährdet, weil Missernten, Viehsterben und Kriege den Ertrag minderten, die Höhe der Abgaben jedoch unverändert blieb.

Abgaben und Dienstleistungen der hörigen Bauern

Jährliche Abgaben	*Besondere Abgaben*	*Frondienste*
Feldzehnt (Getreide, Wein, Obst, Gemüse)	Abgabe für die Erlaubnis, heiraten zu dürfen	Arbeit auf dem Herrenhof (bis zu vier Tage in der Woche)
Blutzehnt (Haustiere und tierische Erzeugnisse)	Abgabe beim Todesfall des Bauern: das beste Stück Vieh und »Bestgewand«	Sonderarbeit zur Saat- und Erntezeit
Grundzins (Abgabe nach der Größe des Landes)	Besondere Umlagen im Fall eines Krieges	Stellung von Arbeitskräften und Gespannen (beim Holzeinschlag, beim Bau von Wegen und Brücken)
Kopfsteuer (Abgabe nach Größe der Familie)		

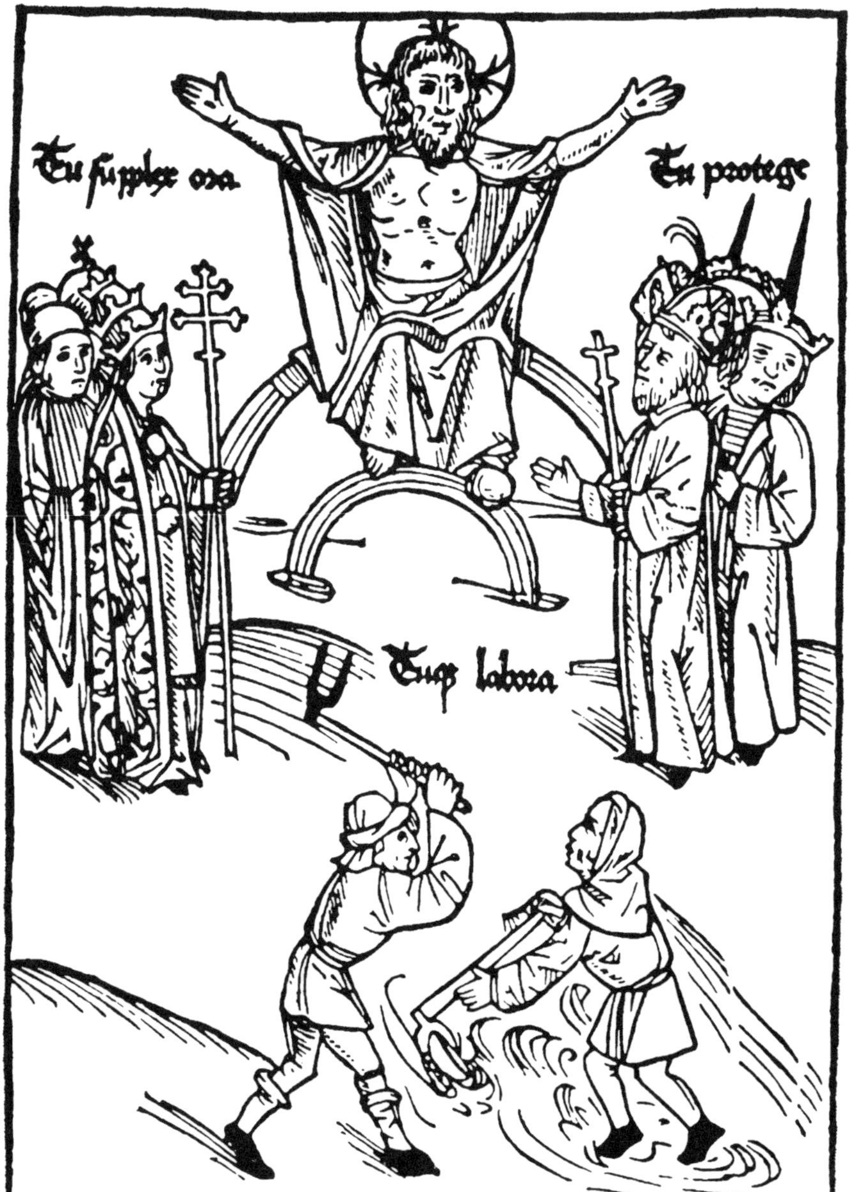

Im Mittelalter teilte sich die Gesellschaft in Adlige, Klerus und Bauern auf. Die zugehörigkeit zu einem Stand galt als gottgegeben. Holzschnitt von 1492 aus Lichtenbergers »Prognosticatio«.

Das Ende der Warmzeit und der Frieden von Esslingen

Im Jahr 1236 setzten die Aufzeichnungen über die Qualität des Weines und der Ernteergebnisse ein, die nahezu durchweg als »fruchtbar und wohlfeil« bezeichnet wurden. Lediglich das Jahr 1278 wich hiervon ab, als im strengen Winter 1277/78 bei starkem Frost und Schnee alle Weinstöcke um Stuttgart erfroren und der Bodensee von einer mächtigen Eisschicht bedeckt war. Fünf Jahre später, am 13. Mai 1283, erfroren wiederum alle Reben.

Die ältesten Bilder von mittelalterlichen Bauern in Form von Monatsdarstellungen. Karolingische Handschrift aus Salzburg um 818.

Die klimatischen Verhältnisse konnten aber auch in das andere Extrem fallen und so kam es Weihnachten 1289 zum Ausschlagen der Bäume. An Heiligabend badeten die Kinder sogar in den Flüssen. Im milden schneelosen Winter 1290 gab es ab Februar reife Erdbeeren und im April blühten vorzeitig die Reben. Unter Spätfrösten und Schnee am 22. Mai litten die Obstbäume und Reben. Nach sommerlicher Wärme schlugen sie abermals aus. Eine reiche Obst- und Getreideernte wurde eingebracht, gut war die Weinlese.
Am 28. Juli 1293 sorgte ein Unwetter für große Verwüstung. Das Jahrhundert endete unter allgemein günstigen Witterungsbedingungen.

In den Jahren 1286 bis 1287, als die junge Stadt Stuttgart von König Rudolf I. angegriffen wurde, herrschten unruhige Zeiten. Sein Heer errichtete auf dem Esslinger Berg an der Stelle des heutigen Eugensplatzes eine Wagenburg, um eine gute Übersicht über die ganze Stadt zu haben. Von hier aus versuchte er Stuttgart in die Hand zu bekommen. Seine Belagerungswerkzeuge zerstörten große Abschnitte der Stadtmauer. Bürger und Krieger konnten die Angreifer jedoch abwehren. Am 10. November schlossen Graf Eberhard und Rudolf I. im Lager vor den Toren Stuttgarts nach langen Kämpfen Frieden. Graf Eberhard nahm am 23. Oktober 1287 in Esslingen die drückenden Friedensbedingungen an.

14. Jahrhundert

Die Wechselhaftigkeit des Wetters: Missernten und Hungersnöte

In der ersten Hälfte des 14. Jahrhunderts wurde die Landwirtschaft häufiger als bisher von der Sprunghaftigkeit des Klimas beeinflusst. Missernten und Viehseuchen waren die Folge, was für die Bevölkerung Hunger und Not bedeutete.
Aus Stuttgart selbst liegen für die Jahre 1346/1347 keine Beschreibungen des Witterungsablaufs vor, so dass Berichte aus Lindau herangezogen werden müssen: »1346 standen in Lindau nach dem 2. August die Reben noch in Blüte; 1347 waren sie Anfang September noch nicht verblüht.« Mit dem extrem kalten Sommer des Jahres 1347 könnte einer der kältesten der letzten 700 Jahre vorliegen. Die Temperaturen unterlagen während der Vegetationsperioden gewissen Schwankungen, so wurde das Getreide, die Hauptfrucht des damaligen Ackerbaus, in der Regel erst Ende August bis Mitte September geerntet. Das Sommergetreide wurde meist so spät gesät, dass frühsommerliche Trockenperioden zu Ernteausfällen führten. Wenn es trotz allem aber zu guten Ernteergebnissen kam, war die Vorratshaltung aufgrund von Ungeziefer und Mäusen stark beeinträchtigt.
Mit der Ausbildung des Raubrittertums Mitte des 13. Jahrhunderts mehrte sich die Zahl der Kriege und Fehden. Die Bauern, die wie Sklaven behandelt wurden, erlitten durch diese Auseinandersetzungen erhebliche Verluste. In der Rechtsprechung wurde die Folter als Instrument zur Erzwingung von Geständnissen eingeführt.
Um 1350 zählte man in Stuttgart nur 1000 Einwohner, bedeutender waren die Freien Reichsstädte wie Ulm mit 12 000, Esslingen mit 5000, Heilbronn mit 5500 und Reutlingen mit 4000 Einwohnern.

Kriege, Pest und Heuschrecken: Wetter und Leben von 1301 bis 1400

Das zeitweilige Aussetzen der Aufzeichnungen in diesem Jahrhundert war durch äußere, Not und Elend mit sich bringende Einflüsse, wie Seuchen und kriegerische Überfälle bedingt.
Im ersten Jahrzehnt wechselte die Witterung zum Teil sprunghaft von einem Extrem in das andere. Besonders hervorgehoben wird der heiß-trockene Jahrgang

1303, als die schlechte Getreideernte zum Stillstand der Mühlen führte, was eine Teuerung zur Folge hatte. Dafür gab es reichlich köstlichen Wein.

Nach kriegerischen Auseinandersetzungen zwischen König Heinrich VII. und Graf Eberhard wurde im Jahr 1312 die Weißenburg zerstört. Graf Eberhard musste fliehen.

Von 1311 bis 1313 fielen die Winter sehr kalt und die Sommer sehr nass aus. Es entstand ein Mangel an allen Ernteerzeugnissen und die Preise stiegen drastisch an. Hinzu kam das Auftreten einer Seuche. Im trockenen Jahr 1314 fiel während der Vegetationsperiode insgesamt 13 Wochen lang kein Regen. Die Feldfrucht verdorrte. Pest und Teuerung hielten an. Die Nahrungsknappheit nahm in den beiden folgenden Jahren zu, da die Feldfrüchte in den außerordentlich nassen Sommermonaten verdarben. Auch im Jahr 1317 konnte keine Ernte eingefahren werden, da die Wintersaat unter großer Kälte und einer dichten Schneedecke, die bis Ostern liegen blieb, förmlich erstickt war. Die Not steigerte sich. Endlich folgten 1318/19 zwei ausgeglichene, warme und ertragsreiche Jahre, was zu einer Senkung der Preise führte.

Nach dieser kurzen Phase der Entspannung traten von 1320 bis 1327 sieben unfruchtbare und somit teure Jahre auf. Die Winter dieses Zeitabschnittes waren ungewöhnlich kalt. 1323 und 1325 fror der Bodensee zu. Es schlossen sich zu nasse Sommer an.

Überraschend mild verlief der Winter 1327/1328. Bereits im Januar blühten die Bäume, die Rebblüte folgte im April. Die Ernte begann zu Pfingsten mit reichem Ertrag. Am 8. August setzte die Weinlese ein, die sich somit um zwei Monate verfrühte. Der Wein wies jedoch eine ausgezeichnete Qualität auf. Von 1329 bis 1335 müssen zwischenzeitlich schlechte Witterungsverhältnisse geherrscht haben, denn nur 1333 wird von einem »Guten« berichtet, als allgemein die Preise sanken. Klimatisch ähnlich positiv wie 1333 verliefen die Jahre 1336 bis 1339, doch im August 1337 trat eine »ägyptische Plage« auf. Ungeheure Heuschreckenschwärme fielen ein, verdunkelten die Sonne und richteten große Verheerungen an. Zeitgenossen beschrieben sie wie folgt: sechs Flügel und ein beinhartes Gebiss, wovon sie den Namen »Hürnen Snabel« (Hornschnabel) erhielten. In kurzer Zeit fraßen sie alles Grün ab. Erst mit Eintritt des Winters verschwanden sie, um jedoch in den Frühjahren 1338 und 1339 erneut aufzutauchen. Nasskalte Witterung, Störche, Stare, Krähen und die Nachstellungen der Menschen führten schließlich zur Vernichtung der Heuschrecken.

Ab 1340 häuften sich extrem nasse und zu kalte Sommer. Es kam zu schlechten Ernten durch Überschwemmungen. Zahlreiche Lufterscheinungen und Erdbeben wurden beobachtet.
Unmittelbar nach dem Klimaschock von 1345 bis 1347 brach in Europa die Pest aus.

Die Besatzung genuesischer Handelsschiffe hatte die Seuche aus Kaffa am Schwarzen Meer nach Messina eingeschleppt. In fünf Jahren durchzog der »Schwarze Tod« den europäischen Kontinent und soll dabei insgesamt 40 Millionen Menschen hinweggerafft haben. 1348 erreichte die Pest Deutschland. In Stuttgart wütete sie nicht so heftig wie in den stärker bevölkerten schwäbischen Reichsstädten. Die Ursache für diese verheerende Seuche glaubte man in der Vergiftung der Brunnen durch die Juden zu sehen, welche nunmehr einer starken Verfolgung ausgesetzt waren. Um Gott zu besänftigen und Buße zu leisten, kam es in der Folge in manchen Gegenden zu religiösen Massenbewegungen. Scharen von Geißlern zogen durch die Städte.

Am 24. Januar 1348 kam es in Süddeutschland zu einem heftigen Erdbeben, das insgesamt 40 Tage lang spürbar war. Eine große Anzahl von Gebäuden stürzte ein, viele Menschen wurden getötet. Die Not nahm kein Ende. Zusätzlich zur Pest und dem Erdbeben traten aufgrund ungünstiger klimatischer Verhältnisse Hungersnöte auf. Mitte des 14. Jahrhunderts drangen die Gletscher wieder in den Lebensraum der Menschen vor und es kam zu einer »Kleinen Eiszeit«.
Im September 1355 tobten in Schwaben, am Rhein, im Elsass und in Franken schwere Gewitter- und Hagelstürme. Walnussgroße Hagelkörner vernichteten die schon reifen Trauben.

Während eines schweren Erdbebens im Gebiet nördlich der Alpen wurde im Jahr 1356 die Stadt Basel aufgrund eines dabei entstandenen Feuers fast komplett zerstört.

Als »ungeschlacht und unfruchtbar« wurde das Jahr 1357 bezeichnet. Die Ergebnisse der Ernte waren gering und der Wein sauer. Ende des Jahres brach erneut eine Seuche aus, die sich im folgenden Jahr über ganz Deutschland ausbreitete und vielen Menschen das Leben kostete.

Nach dem Aderlass der Bevölkerung durch Hunger und Seuchen fehlen Aufzeichnungen über das Wetter und die Landwirtschaft. Nur von der Hochzeit der Tochter des Grafen Eberhard des Greiners mit dem Herzog von Lothringen im Dezember 1361 wird berichtet. Prachtvoll und mit vielen Gästen wurde gefeiert. Ein stattliches Turnier beendete am 16. Dezember das Fest im Stuttgarter Schloss.

Dem sehr strengen, schneelosen Winter 1362 folgte ein überaus heißer und trockener Sommer, in welchem die Wiesen verdorrten. Um Futter für die Tiere zu beschaffen, deckte man daraufhin auf der Schwäbischen Alb die Strohdächer ab und verfütterte sie. Jedoch ohne durchschlagenden Erfolg: Ein Großteil des Viehs starb vor Hunger.
Das Jahr 1363 begann mit einem langen, sehr kalten Winter. Der restliche Viehbestand musste aufgrund von Futtermangel geschlachtet werden. Bis 1367 litten die Menschen an den Folgen der Nahrungsknappheit. Viele Einwohner Stuttgarts starben im Jahr 1365 an der Pest.
Für das Jahr 1368 ist während der Fastenzeit das Auftreten eines Kometen vermerkt. Nach langer Zeit des Hungers handelte es sich endlich um ein fruchtbares Jahr mit reicher Ernte und gutem Wein im Übermaß.
Mit Unwettern begann das Jahr 1370, im Herbst erfroren die Reben. Auch das folgende Jahr endete mit Ernteausfällen und einem schlechten Wein. Als hervorragendes Weinjahr erwies sich jedoch das Jahr 1372. Nach der Lese konnte man sechs Maß für einen Pfennig kaufen. Das Getreide aber war nicht gediehen und viele Menschen verhungerten.
Ähnliche Witterungsbedingungen herrschten in den folgenden Jahren. Während die Getreidepreise stiegen, wurde der Wein immer preiswerter. Eine Ausnahme bildete das viel zu kalte Jahr 1378, in welchem es zur Ausbildung einer Eisdecke auf dem Bodensee kam und die Reben erfroren.

Im Sommer 1378 litten die Menschen unter der Belagerung des Heeres der Schwäbischen Reichsstädte. Da es ihnen nicht möglich war Stuttgart zu erobern, verheerten die Truppen im Umland die Felder, Obst- und Weinlagen und brannten viele Ortschaften nieder.

Erst im Jahr 1382 konnte, trotz einer starken Mäuseplage, eine reiche Getreideernte eingefahren werden. Als Folge des trüben Spätsommers wurde der Wein jedoch sauer. Von 1383 bis 1387 traten nach zum Teil strengem Winter sehr sonnige Jahrgänge auf, die hervorragende Ergebnisse bei den Weinlesen förderten. Der reichliche Wein wurde so billig, dass man ihn als »wertlos« bezeichnete.

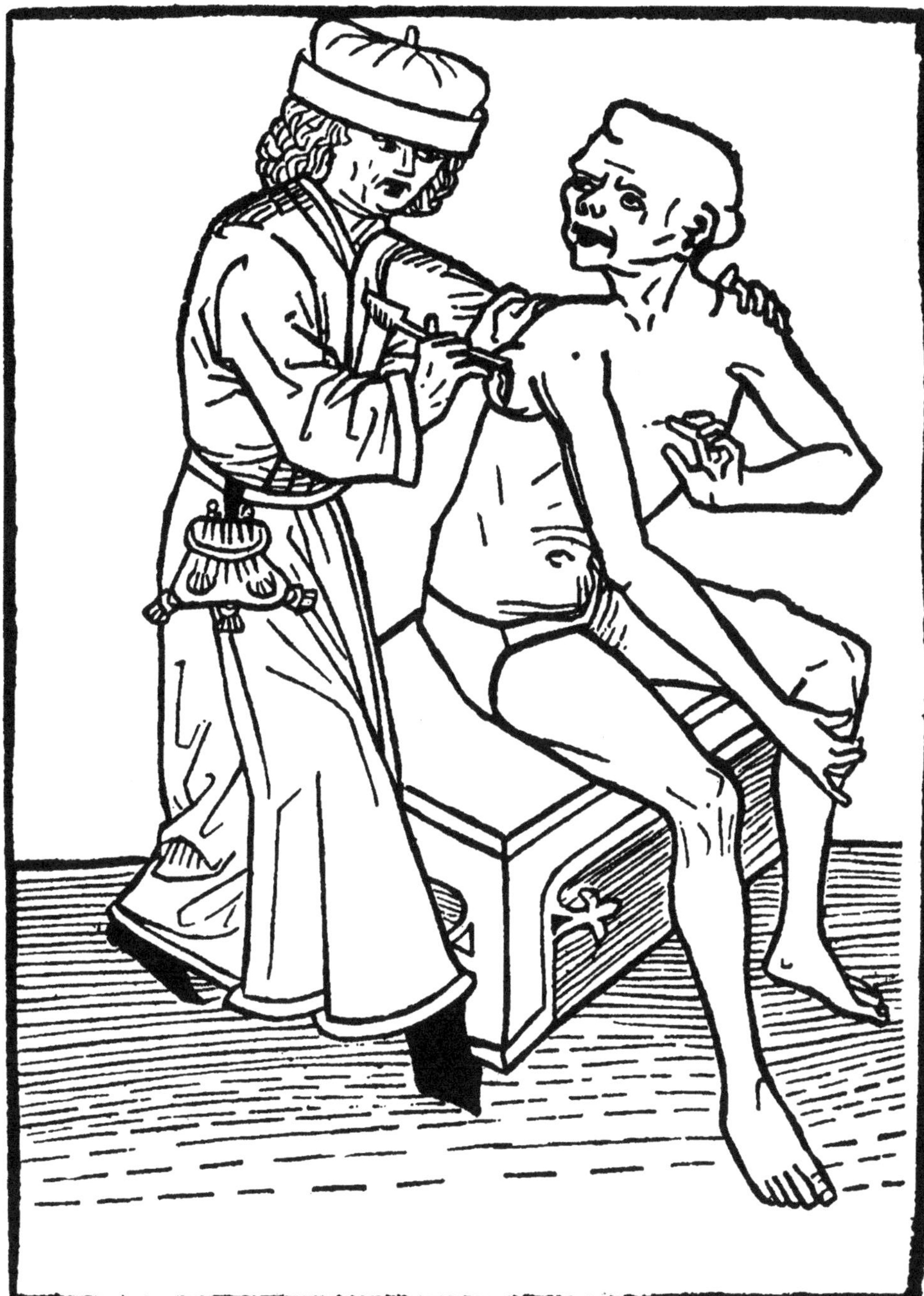

Ein Arzt schneidet eine Pestbeule auf. Holzschnitt von 1482.

Von 1388 bis 1390, als Graf Eberhard II. von Württemberg gegen die Bedrohung durch die bayerischen Herzöge kämpfen musste, herrschten wiederum unruhige Zeiten.
Seuchen, welche besonders in Stuttgart vielen Menschen das Leben kosteten, traten erneut in den Jahren 1391 bis 1393 auf. Auf dem Turnieracker, nahe dem heutigen Katharinenhospital musste ein neuer Friedhof angelegt werden.
Der heiß-trockene Sommer 1394 förderte eine gute Ernte und Weinlese. Der Eimer besten Weines kostete nur zehn Batzen, den Scheffel Dinkel bekam man für lediglich 11 Kronen.
Für die Zeit bis zum Jahrhundertende mangelt es an genaueren Aufzeichnungen, doch scheinen sich aufgrund der überlieferten nur mäßigen Weinqualitäten die Witterungsverhältnisse verschlechtert zu haben.

15. Jahrhundert

Das Jahrhundert der Erfindungen, der Entdeckung neuer Welten und der brennenden Scheiterhaufen

In diesem Jahrhundert traten zeitweise überwiegend unfruchtbare Jahre auf. Eine Serie wurde zu Beginn und eine weitere in der Mitte dieses Zeitraums vermerkt. Ab 1485 traten insgesamt sieben Fehljahre auf. Verdorbene Feldfrüchte führten zu Nahrungsmangel, hinzu kamen Seuchen und kriegerische Überfälle.

Im 15. Jahrhundert konnte, laut den seit 875 geführten Aufzeichnungen, das Phänomen eines mit einer Eisschicht bedeckten Bodensees am häufigsten, und zwar insgesamt achtmal in den Jahren 1409, 1431, 1435 (der See war total zugefroren), 1460, 1465, 1470, 1479 und 1497 beobachtet werden. Durch das Auftreten von anhaltenden Wärmeperioden entstanden im 15. Jahrhundert enorme Temperaturgegensätze. Die Klimageschichte beweist, dass im Hochmittelalter subtropische Sommer wie in den Jahren 1420 bis 1428, 1472, 1473, 1483 und 1484 in unseren Breiten nicht ungewöhnlich waren und zur Bandbreite des natürlichen Klimaverlaufs gehörten. Sollten ähnliche Extreme künftig auftreten, können sie also nur unter Vorbehalt als warnendes Signal gedeutet werden.

Für die Menschen war das 15. Jahrhundert in vielerlei Hinsicht auch eines des Um- und Aufbruchs. Gutenberg (1400–1468) erfand die Buchdruckerkunst, Nikolaus Kopernikus (1473–1543) stellte fest, dass sich die Planeten um die Sonne bewegen und Peter Henlein (1480–1542) konstruierte die erste Taschenuhr. Kolumbus entdeckte 1492 Amerika (wieder). Später brach Cortez nach Mexiko und Pizarro nach Südamerika auf – alles gottesfürchtig – doch begann damit in den drei Teilen Amerikas die Ermordung von etwa einer Million Menschen, die den »weißen Göttern« vertrauensvoll entgegengekommen waren. Beladen mit reicher Beute, Gold und Edelsteinen, machten sich die Schiffe der Eroberer gen Spanien auf. Ein Teil von ihnen erreichte sein Ziel jedoch nicht, sondern versank in den Fluten des Meeres oder wurde von Piraten gekapert. So begann das grausige Kapitel der Entdeckung neuer Welten.

Wie aber ging es in unseren Breiten zu?

1401 wurden Klaus Störtebeker und 150 seiner Gefolgsleute der Seeräuberei angeklagt und auf dem Grasbrook bei Hamburg enthauptet.

Um tatsächliche oder vermeintliche Rechtsverstöße zu ahnden, erklärten die Menschen im Spätmittelalter ihrem Gegner die Fehde.
Am 15. Juli 1410 wird in einer der größten Feldschlachten des Mittelalters das Heer des Deutschen Ritterordens bei Tannenberg von den vereinten Polen und Litauern vernichtend geschlagen.
Die Lehren des Johannes Hus wurden als Ketzerei erklärt. Hus wurde am 6. Juli 1415 in Konstanz auf dem Scheiterhaufen verbrannt. Am 30. Juli 1419 stürmten seine Anhänger das Rathaus in Prag und warfen die katholischen Stadträte aus den Fenstern, dort spießte sie die aufgebrachte Volksmenge mit Lanzen auf.
Am 12. Oktober 1435 wurde die schöne Agnes Bernauer, als nicht ebenbürtige Frau des Erbprinzen Albrecht III. von Bayern-München, in der Donau ertränkt. Albrecht hatte die schöne Badertochter 1432 nach der Trennung von seiner Frau, der Prinzessin Elisabeth von Württemberg, kennen gelernt und heimlich geheiratet.
Von 1440–1449 kam es in weiten Teilen des Reiches zu einer Vielzahl nicht enden wollender Fehden und Kleinkriege. 1448 begann in Süddeutschland der fünfjährige Krieg des von Albrecht geführten Fürstenbundes gegen eine 31 Städte umfassende Vereinigung. Albrechts Expansionspläne stießen also auch in Württemberg und Baden auf verschärften Widerstand.
Im Jahr 1487 veröffentlichten die beiden Dominikaner und päpstlichen Inquisitoren Heinrich Krämer und Jakob Sprenger den »Hexenhammer«. Die Schrift setzt sich aus drei Teilen zusammen: Im ersten Teil wird jeder Zweifel an der Existenz von Hexen als Ketzerei erklärt, um somit – gestützt auf die Hexenbulle von Papst Innozenz VIII. aus dem Jahr 1484 – den Widerstand von Volk und Klerus gegen Hexenprozesse zu brechen. Im mittleren Abschnitt werden die den Hexen angelasteten Vergehen wie Wetterzauber, Ritt auf dem Besen und Geschlechtsverkehr mit dem Teufel aufgeführt. Zum Schluss folgen Anweisungen zur Führung von Hexenprozessen, beispielsweise zur Erpressung von Geständnissen durch Folter.
Der größtenteils verarmte württembergische Landadel verdiente seinen Lebensunterhalt durch Auflauern und anschließendes Ausrauben von durchreisenden Kaufleuten. Ansonsten führten die – ihre zwergenhaften Territorien regierenden – Reichsritter ein recht bedeutungsloses Sonderdasein. Ein Teil von ihnen wurde 1525 im Bauernkrieg zu Weinsberg durch die Spieße gejagt und vertrieben. Ihre Burgen und Schlösser wurden zerstört.

Karpfen und podolische Ochsen: Die Versorgung der Bevölkerung

Der langfristige Trend einer Bevölkerungszunahme und steigender Agrarpreise, der sich zwischen 1470 und 1618 abzeichnete, wurde immer wieder durch Seuchen, Hungersnöte und Kriege unterbrochen, Missernten sorgten für ein geringes Angebot. Oft konnte die größer werdende Nachfrage nach Nahrungsmitteln nicht durch entsprechende Produktion gedeckt werden, so dass die Agrarpreise erheblich anstiegen. Es wurde eine Reihe von Schriften zum Thema Landwirtschaft herausgegeben, die aber der breiten Masse von Bauern aufgrund ihres niedrigen Bildungsstandes verschlossen blieben.

Ab dem 15. Jahrhundert nahm die Fleischeinfuhr nach Mitteleuropa zu, da sich die hiesige Viehhaltung nicht im gleichen Maß wie der Bevölkerungszuwachs entwickelte. In den norddeutschen Gebieten importierte man Ochsen aus dem Dänischen Reich. Ab dem Ende des 15. Jahrhunderts bis um 1600 nahm die Zahl der südwärts getriebenen Ochsen von 20 000 auf jährlich 50 000 zu. Aus dem Gebiet um Krakau und dem nördlichen Polen stammten die podolischen Ochsen, die durch das sächsisch-thüringische Gebiet oder über das böhmisch-mährische Gebiet nach Mittel- oder Süddeutschland getrieben wurden. Mit Hilfe dieser Einfuhren wurden Ende des 16. Jahrhunderts mehr als eine Million städtischer Einwohner mit Fleisch versorgt.

Im späten Mittelalter wurde der Fisch zur beliebtesten Fastenspeise. Eine umfangreiche Zucht von Süßwasserfischen war im Aufbau. Der hohe Preis war im großen Aufwand der Zucht begründet, je nach Ort kostete ein Kilo Karpfen daher etwa so viel, wie drei bis sechs Kilo Fleisch.

Eis auf dem Bodensee, starker Wein und Hagelstürme: Wetter und Leben von 1401 bis 1500

Das Jahrhundert begann mit sehr kalten Wintermonaten, unfreundlichen Vegetationsperioden, schlechten Ernteergebnissen und damit verbundenen Teuerungen. In einem der so genannten »Großen Winter« (nach C. Easton zeichnen sich »Große Winter« durch lange Frostperioden aus, so etwa die Winter der Jahre 553/54, 763/64, 1076/77, 1149/50, 1406/07, 1434/35, 1607/08, 1829/30, 1962/ 63) herrschte von Martini 1406 bis Lichtmess 1407 ununterbrochen eine nie erlebte Kälte. Im gleichen Jahr brach in Deutschland – vor allem in Schwaben – eine verheerende Seuche aus.

1409 führte anhaltende Kälte zum Zufrieren des Bodensees. Die folgenden zehn Jahre ließen auf keine durchgreifende Entspannung der Wetterlage hoffen, immer wieder stiegen die Preise, erst 1420 begann eine sehr gute Zeit, die neun Jahre lang anhielt. Nach den arktischen Einbrüchen waren die Menschen für die folgenden nahezu subtropischen Perioden sehr dankbar.
Nach dem milden Winter des Jahres 1420 blühten bereits am 20. März die Obstbäume und am 4. April die Reben. Zu Pfingsten begann man mit der Ernte, die Weinlese setzte am 25. Juli ein. Die um mehrere Wochen verfrüht eingebrachte Ernte und Lese waren sehr gut und reichlich geraten. Ähnlich positiv verliefen die Jahre 1421 bis 1428. Zeitzeugen berichteten: »... das erste Mal nicht die Zeche bezahlen, sondern zweimal kommen, um für einen Heller zu trinken.«
Ein Wechsel der klimatischen Verhältnisse in den Jahren 1429 bis 1431 brachte Kälte und Starkregen im Sommer mit sich. Aufgrund der Überschwemmungen wurde das Getreide teilweise vernichtet und auch die Weinlesen verliefen unbefriedigend.
Bereits im folgenden Jahr kam es zu einem kurzfristigen wirtschaftlichen Aufschwung, da alles im Überfluss gedieh. In Stuttgart musste man sogar den alten sauren Wein wegschütten oder Mörtel daraus machen, um leere Fässer für den Jahrgangswein zu haben. Viele Trauben blieben an den Stöcken hängen, die Preise sanken. Am 11. November setzte jedoch verfrüht ein schneereicher Winter ein. Die Kälte währte bis Lichtmess 1433. In diesem Jahr wurde die alte Stiftskirche abgetragen und mit dem Neubau begonnen. Ab 1434 zeigte sich das Witterungsgeschehen stark wechselhaft, immer wieder kam es zu Preisanstiegen, bis endlich das Jahr 1438 als »fruchtbar, warm und gesegnet« bezeichnet wurde.
Eisige, schneereiche Winter, in denen es sogar möglich war mit schweren Pferdegespannen über die Flüsse zu fahren, herrschten von 1439 bis 1441. Am 2. Juli 1441 trat ein schweres Unwetter mit Hagel auf. Das Gewicht einzelner Eisstücke betrug über ein Pfund.
Als fruchtbar erwies sich das Jahr 1442, doch begann im November wieder ein eisiger Winter, der bis in den April hinein anhielt. Sämtliche Ernteergebnisse fielen zu gering aus.
Etwas besser verliefen die Jahrgänge 1445 und 1446, bis es 1447 witterungsbedingt zu einer starken Teuerung kam.
Im April des Jahres 1448 fiel zwar noch tiefer Schnee, aber im sehr warmen Sommer gediehen Obst, Getreide und Wein sehr gut. Reiche Erträge waren das Ergebnis. Für die beiden darauf folgenden Jahre führten die Chronisten ähnliche Angaben auf.

Einen starken Zuzug aus dem Umland erlebte Stuttgart im Jahr 1449, nachdem im Krieg zwischen Graf Ulrich dem Vielgeliebten und den Reichsstädten zahlreiche Orte auf den Fildern zerstört worden waren. In der Vorstadt wurden zusehends Gärten und Felder angelegt. Zur gleichen Zeit brachen erneut Seuchen aus, die in Stuttgart vielen Menschen das Leben kosteten.

Enthauptungen wurden ab 1451 auf der Hauptstätte im Bereich des heutigen Wilhelmsplatzes und der Hauptstätter Straße durchgeführt.

Abermals trat eine Serie von überwiegend unfruchtbaren Jahren auf. Für den Zeitraum von 1451 bis 1463 berichten die Chroniken von meist nasskalten Jahren mit mäßigen bis schlechten landwirtschaftlichen Erträgen. Unter anhaltender Dürre litt man 1457, zu große Nässe hingegen verdarb zwei Jahre später die Getreideernte.

1456 wurden der Marktplatz erweitert und das Rathaus gebaut.

Starke Hagelschläge richteten im warmen Sommer des Jahres 1462 beträchtliche Schäden an. Immer wieder mussten die Menschen beim Einkauf tiefer in die Tasche greifen.

Am 17. Juni 1463 erleichterte ein päpstlicher Ablass den Bau der Stiftskirche.

Die günstige Witterung der Jahre 1464 und 1465 trug aufgrund guter Ernteergebnisse zur Verbesserung der Lebenssituation bei.
Dem Rückschlag ein Jahr später folgte 1467 ein heiß-trockener Sommer, in dem alles gut wuchs und heranreifte, was eine Senkung der Preise bewirkte. Dem späten Jahr 1468, »als der Hafer erst am Christabend eingeheimst wurde«, folgte wieder ein schlechter Jahrgang. Erst am 4. Juli blühten 1469 die Reben und die Ernte musste unter Nässe eingebracht werden.
Als Ergebnis ausgewogener Witterungsverhältnisse schlossen sich von 1470 bis 1476 sechs fruchtbare Jahre an. Wenn auch, wie 1470 und 1473 sehr strenge Winter auftraten, verliefen die Frühjahre und Sommer meist warm bis heiß. Im Jahr 1472 führte allerdings eine zweimonatige Trockenheit zu Futtermangel. In

diesem Jahr war der Wein so stark, dass man ihn mit Wasser vermischt trinken musste.

1474 wurde das Hauptstätter Tor erbaut. Im Jahr 1475 begann man mit dem steinernen Neubau der Leonhardskirche, ein Jahr später mit der Errichtung der alten Kanzlei.

Als Folge des zu nassen Jahrgangs 1477 stiegen die Lebensmittelpreise an. Quasi eine Wiedergutmachung war das fruchtbare Jahr 1478. Das folgende Jahr verlief durchwachsen: Auf einen strengen Winter folgte ein sonniger Spätsommer.
1480, im Geburtsjahr Götz von Berlichingens, wurden gute Erträge bei Wein und Frucht erzielt.
Das folgende kalte, nasse Jahr verdarb Futter, Feldfrüchte und Wein, sämtliche Preise kletterten in die Höhe. Im Juli erreichte zudem eine Seuche ihren Höhepunkt.
Von 1482 bis 1484 sorgten ansteigende Temperaturen und gut verteilte Niederschläge für beste Ernten und eine Fülle von Wein, so dass sogar die Fässer knapp wurden. Drei Jahre lang waren die Menschen aufgrund der guten Witterung von Hunger und Elend befreit.

Am 14. Dezember 1482 erhob der Münsinger Vertrag Stuttgart zur Haupt- und Residenzstadt, im Jahr darauf wurde der fürstliche Lustgarten angelegt.

Die letzten 15 Jahre dieses Jahrhunderts wiesen, laut den Aufzeichnungen Johann Rinmanns, einen meist stark wechselhaften, ungünstigen Witterungsverlauf auf.
Von 1485 bis 1488 stiegen die Preise aufgrund des mangelnden Angebots. Ein Hagelsturm am 29. September 1488 vernichtete die Weinlagen.
Dem milden Winter 1488/89 schlossen sich ein extrem trockener Frühling und ein sehr nasser Sommer an, aufgrund dessen die Ernteergebnisse zu niedrig ausfielen.
Nach der zu niederschlagsreichen ersten Jahreshälfte, setzte im Herbst 1490 eine solche Trockenheit ein, dass eine Bodenbearbeitung unmöglich wurde.

1490 begann man mit dem Bau des großen Turms der Stiftskirche und des Ludwigsburger Tors.

Im Jahr 1491 hielt sich die winterliche Kälte bis zum Urbanstag (25. Mai). Die Rebblüte setzte erst am 4. Juli ein. Folglich gab es so wenig Wein, dass nur eine Kelter arbeitete. Die Ernte war allgemein schlecht ausgefallen. Von 1492 bis 1496 waren die Winter sehr streng, jedoch sorgten warme Sommer für gute Ergebnisse bei der Ernte. Am 28. März 1492 wurden nach heftigen Wolkenbrüchen einige Häuser davongeschwemmt. Etlichen Menschen kostete die Überflutung das Leben.

Die Kanzlei wurde 1493 nach Tübingen verlegt, da in Stuttgart eine heftige Seuche ausgebrochen war, der viele Menschen zum Opfer fielen.

Dem milden Winter und niederschlagsreichen Frühling des Jahres 1497 folgte ein sonniger und relativ trockener Sommer, so dass sich die Kornkammern und Weinkeller schnell füllten. Da es im folgenden Jahr jedoch zu einem Temperaturrückgang kam, der einen kalten Winter und zu nasse und kühle Folgemonate mit sich brachte, fiel die Ernte nur gering aus.
Dank ausgeglichener Witterung in den Jahren 1499 und 1500 konnten die Menschen aufatmen, denn gute Ergebnisse in der Landwirtschaft und dem Weinbau waren die Folge.

16. Jahrhundert

Mensch und Klima: Der »Arme Konrad«

Die Witterung dieses Jahrhunderts war von deutlichen Temperaturgegensätzen geprägt. Neben starken Unwettern und zerstörerischen Überschwemmungen kam es in den Jahren 1512, 1553, 1560, 1565, 1571 und 1573 aufgrund lang anhaltender Kälte zum Ausbilden einer Eisdecke auf dem Bodensee. Laut den Aufzeichnungen in den Chroniken, trat im Jahr 1529/30 der wärmste Winter der letzten 500 Jahre auf. Auch in der Folge, von 1534 bis 1558, stiegen die Temperaturen an, so dass es häufig zu sommerlichen Wärmeüberschüssen kam. Im Jahr 1540 herrschte ab Februar anhaltende Wärme mit subtropischen Hitzespitzen und Trockenheit. Strenge Winter waren in diesem Zeitraum keine Ausnahme wie die Jahre 1551, 1552, 1553 und 1556 zeigten. Nach 1560 trat eine für Mensch und Natur ungünstige Klimaänderung ein, die zu einem Anwachsen der Gletscherzungen führte. Die Menschen litten bedingt durch Teuerungen und Nahrungsmangel bittere Not. In den eisigen Wintern fehlte es an Brennholz, zusätzlich grassierten Seuchen.

Das Elend nach den vielen Missernten, gepaart mit der Ausbeutung durch den Herzog, dessen prächtige Hofhaltung Unsummen an Geld verschlang, führte 1514 zum Bauernaufstand »Armer Konrad«. Die Willkür des jungen Herzogs Ulrich hatte die Bauern zur Rebellion getrieben, sie forderten ein gerechteres und besseres Leben. Sechs Unterhändler aus dem Schönbuch wurden zur Abschreckung für die sympathisierenden Bewohner Stuttgarts verhaftet, gefoltert und anschließend zum Tode verurteilt. Am 9. August wurden Peter und Bernhard Wolff, Caspar Schmid, Peter Koch, Hans Schmeck und Jörg Legolo auf der Richtstätte in Stuttgart enthauptet. Elf Jahre später erschütterte der Bauernkrieg ganz Deutschland.

Verfolgung und Scheiterhaufen: Luther und der »Hexenhammer«

Im 16. Jahrhundert setzte die Verfolgung von Menschen ein, die der Hexerei beschuldigt wurden. Der schwäbische Reformator Johannes Brenz (1499–1570) nahm zu dem aufkommenden Hexentreiben anfangs eine abwartende, schließlich aber eine positive Haltung ein. Wie Luther befürwortete er das Treiben ge-

gen die so genannten Hexen. Martin Luther (1483–1546) brachte 1518 in seiner Dekalogserklärung den Hexenhass folgendermaßen zum Ausdruck: »... die mit dem Teufel ein Bündnis eingehen, können durch Zauberei die Leute blind, lahm, krank machen und töten, wie ich es öfter selbst gesehen habe. Zudem können sie Ungewitter hervorbringen, Früchte auf dem Feld verderben und das Vieh umbringen.« Vier Jahre später führte er in einer Kirchenpostille aus: »... die Zauberer und Hexen, das sind böse Teufelshuren, die Milch stehlen, Wetter machen, auf Böcken und Besen reiten ... und des Teufels Dinge viel.« Im Frühjahr 1526 predigte Luther über Exodus 22.18: »Die Zauberinnen sollst Du nicht leben lassen, es ist ein gerechtes Gesetz, dass sie getötet werden ...«
Unter diesen fanatischen Zeichen der Zeit flammte der Teufelswahn auf und die Scheiterhaufen begannen zu brennen. Die württembergischen Protestanten und theologischen Juristen folgten weniger den Ausführungen des »Hexenhammers« oder den jesuitischen Vorschlägen, sie schlugen vielmehr den härteren lutherischen Kurs ein. Zu ihnen gehörten Johannes Brenz, Matthäus Alber, der Theologieprofessor Jakob Heerbrand, der Abt von Blaubeuren Johann Schopf, der Hofprediger Felix Bidenbach, Heinrich Bocer sowie Thomas Kirchmeier, ein

Zahlreich waren die Hexenverfolgungen bereits im 15. und 16. Jahrhundert. Im 17. Jahrhundert erreichten sie ihren Höhepunkt. Darstellung einer Hexenverbrennung in Schiltach bei Rottweil 1533.

Geistlicher aus Esslingen. An Versammlungsplätzen der Hexen wurden der Stuttgarter Wald, die Feuerbacher Heide, der Heuberg, der Sommerberg, die Fellbacher Heide, die Schoberngrube bei Oberesslingen und die Hoheweide bei Kirchheim unter Teck genannt.

In der zweiten Hälfte des 16. Jahrhunderts kam es zu einem Anstieg der Hexenverfolgungen. Nach dem Hagel an Laurentii im Jahr 1562 setzte eine wahre Verfolgungswelle ein, der mindestens neun Personen zum Opfer fielen. Im Juni 1583 wurden in Horn 13 angebliche Hexen verbrannt. Am Fünfzehnten des Monats sowie am 19. August starben in Rottenburg 19, in Wiesensteig 25 und in Hechingen 15 Menschen wegen Wettermachens und Hexerei auf dem Scheiterhaufen. 1590 wurden in Rottenburg drei »Hexen« geköpft. In Reutlingen wurden von 1565 bis 1595 insgesamt 15 Menschen im Zuge von Hexenprozessen verurteilt. Strenger Frost soll Anlass zur Verbrennung der Elisabeth Viess gewesen sein, die auch unter dem Namen »die Gürtlerin« bekannt war. Neun weitere Frauen erlitten im selben Jahr das gleiche Schicksal. Als 1592 36 Häuser in der Stadt abbrannten, quälte man die sechs angeblichen Brandstifterinnen mit glühenden Zangen und verbrannte sie anschließend bei lebendigem Leib auf dem Scheiterhaufen.

Ein Beispiel für die barbarische Rechtspflege dieser Zeit lässt sich im Bericht des Chronisten Heydan über Herzog Ulrich II. nachlesen: Am 12. Juni 1527 wurde die Witwe Margarethe Löfin aus Stuttgart verhaftet und angeklagt: »... sie habe Hexerei und mit dem Teufel Gemeinschaft getrieben und sei auf der Ofengabel über ihren Gartenzaun geritten ...« Sie wurde auf die Folter gespannt, mit Ruten geschlagen, ihre Schienbeine wurden in Pech getaucht, um den abrasierten Kopf zog man Seile. Die Füße wurden in Schweinsschuhe gesteckt und über einem Kohlebecken geröstet und sie selbst mit glühenden Kohlen überschüttet. All diese Marter führte jedoch zu keinem Geständnis. Drei Jahre sperrte man sie noch in einen Turm auf dem Reichenberg, danach verwies man sie des Landes, nachdem sie zuvor schriftlich bestätigen musste, keine Klage gegen die ihr widerfahrene Behandlung zu erheben. All dieser erlittenen Not wird heute nicht mehr gedacht, wenn die »Hexen« beim Fasnet-Treiben als grausig-lustige Gestalten durch die Straßen ziehen.

Aber noch eine weitere Personengruppe war Opfer grausamer Verfolgungen: die Juden. Bemerkenswert ist die sich wandelnde Stellung Luthers zu den schändlichen Judenverfolgungen. Zu Beginn der Reformation, als Luther und seine Anhänger selbst noch verketzert wurden, da sie gegen das »abgöttische Papsttum« wetterten, lehnte der junge Luther die spätmittelalterliche Behandlung der Juden ab. Sein mutiges Auftreten erregte starkes Aufsehen, denn noch waren die

Pogrome von 1510 bis 1519 unvergessen, als in Berlin, Brandenburg und Regensburg viele Juden verbrannt oder vertrieben worden waren. Als sich Luther aber von seinen Erwartungen, die Juden zum Übertritt bewegen zu können, enttäuscht sah, ließ ihn dies zu einem unversöhnlichen Gegner des jüdischen Volkes werden. Die Abneigung gegen die »Verstockten« steigerte sich bald zum Hass und 1538 erschien sein Brief »wider die Sabbather«.

»Mit allen Teufeln besessen sei dieses Volk« und 1543 veröffentlichte er die Schrift »Von den Jüden und ihren Lügen«. Alles was je an Gräuelmärchen vorgebracht worden war, wie »Ritualmord, Brunnenvergiftung, Zauberei und Hochverrat wider das Reich zugunsten der Türken« führte er an. Er folgerte: »Was wollen wir Christen nun tun mit diesem verworfenen, verdammten Volk der Juden? Mein treuer Rat ist, dass man ihre Synagogen oder Schulen mit Feuer anstecke, ihre

Judenverbrennung im Mittelalter. Darstellung aus der Schedelschen Weltchronik 1493.

Häuser zerbreche, man nehme all die Betbüchlein und Talmudisten, darin solche Abgötterei, Lügen, Fluch und Lästerung gelehrt wird. Rabbinern verbiete man bei Leib und Leben hinfort zu lehren, hebe das freie Geleit und das Recht auf die Straße ganz auf, verbiete Wucher und nehme alle Barschaft und Kostbarkeiten in Gold und Silber und alles was sie haben ... haben sie es uns durch Wucher gestohlen und geraubt.«

Führende Persönlichkeiten des Protestantismus wie der Schweizer Reformator Heinrich Bullinger zeigten sich entsetzt über diese Hetzschrift. Er schrieb an den Reformator des Elsass, Martin Butzer: »... dass man beim Lesen den Eindruck habe, es sei von Schweinehirten und nicht von berühmten Seelenhirten geschrieben ...« Butzer jedoch erwies sich als ein nicht geringerer Judenfeind als Luther. Philip Melanchthon schien Bedenken zu haben, doch ließ er Luthers Schrift »Von den Jüden und ihren Lügen« dem Landgrafen von Hessen zukommen, der nun, wie auch Luthers Landesherr – der Kurfürst von Sachsen – jedem Juden den Aufenthalt, ja sogar den Durchzug verbot. Dies waren die unmittelbaren Folgen von Luthers Äußerungen, die mittelbaren hielten bis in die jüngste Vergangenheit an. Heinrich Graetz vermerkt: »... so vergiftete Luther mit seinem judenfeindlichen Testamente die protestantische Welt auf lange Zeit hinaus.«

Leben und Wohnen in der Stadt

Die Straßen und Gassen in der Stadt waren meist eng und krumm. Da sie zudem noch durch Vorbauten verengt und mit Misthaufen und Unrat verdreckt waren, erteilte Eberhard im Bart dem Magistrat die Befugnis, Miststätten abzuschaffen und den Erkern, Treppen und Vorgebäuden ein Maß vorzuschreiben. Gepflasterte Straßen gab es nur in der Altstadt, nicht aber in den Vorstädten. Zur Beleuchtung dienten Feuerpfannen, die mit eisernen Trägern an den Häusern befestigt waren und bei besonderen Anlässen angezündet wurden.

Der Großteil der Bevölkerung wohnte in schmalen, hohen Holzhäusern, die teilweise mit Stroh gedeckt waren. Lediglich vornehme Familien verfügten über größere, aus Steinen errichtete Gebäude. Die Landesordnung vom 11. November 1495 legte fest, dass die Häuser künftig mit Ziegeln zu decken und wenigstens das untere Stockwerk aus Steinen zu errichten sei. Gebäude aus dieser Zeit findet man heute noch in der Schul-, Hirsch- und Calwerstraße. In der Enge zwischen den Häusern kam es oft zu Streitigkeiten über das Anlegen und die Nutzung von Wassersteinen, Dachrinnen und Abtritten. In der Regel dienten jedoch

in den Häusern aufgestellte Kübel, die man auf der Gasse vor dem Haus oder in den Nesenbach entleerte, als Toilette.
Ab 1560 setzte ein rascheres Wachstum der Stadt ein. Es entstanden Gebäude für den Adel sowie fürstliche Bauwerke. Da es dem gemeinen Volk an geeigneten Unterkünften mangelte, wurden ab 1600 vom Esslinger bis zum Lazarett-Tor die Kraut- und Küchengärtlein abgeschafft und an dieser Stelle in einem Jahr zwanzig Häuser gebaut. Da allerdings weiterer Bedarf an Wohnraum bestand, mussten die Scheunen in den Hauptstraßen für Neu- oder Umbauten weichen. Die rege Bautätigkeit wurde bald durch die Ungunst der Zeiten eingedämmt und fand während des Dreißigjährigen Krieges, als viele der alten Häuser zerstört wurden, ein Ende.

Wolkenbrüche, »Englischer Schweiß« und subtropische Hitze: Wetter und Leben von 1501 bis 1600

Schon im ersten Jahr des 16. Jahrhunderts endete die wohlfeile Zeit. Kalte, regen- und nebelreiche Witterung verhinderte 1501 eine ausreichende Ernte und Lese. Unter den zeitgegebenen Transportschwierigkeiten musste Getreide aus ferneren Gegenden eingeführt werden. Zusätzlich zur Teuerung brach in Stuttgart erneut eine Seuche aus, an der 4000 Menschen starben. Die Hofhaltung wurde daher nach Blaubeuren und die Kanzlei nach Münsingen verlegt. Ab Weihnachten versank Stuttgart in solch ungeheuren Schneemassen, wie sie selbst die ältesten Einwohner noch nie gesehen hatten.
Nach dem mäßigen Jahr 1502 folgte 1503 endlich ein trocken-heißer Sommer mit reichlicher Ernte und guter Weinlese. Aufgrund der Trockenheit traten allerdings mehrere Waldbrände auf.
Zwei abermals guten Jahren schloss sich bis 1512 eine Serie von ungünstigen, die Ernte schädigenden Wetterlagen an. Häufige Spätfröste, zu nasse Vegetationsperioden, starke Unwetter und Mehltau waren in diesem Abschnitt zu verzeichnen. Die Preise erhöhten sich um mehr als das Doppelte. Besonders ungünstig für Stuttgart verlief das Jahr 1508, denn am 31. Juli ging über dem Heslacher Tal ein furchtbarer Wolkenbruch nieder. Die Fluten stürzten gen Stuttgart, eilig schloss man das Hauptstätter Tor. Die Kraft des Wassers war jedoch so mächtig, dass ein Turm und die Mauer von den strömenden Massen niedergerissen wurden. Bald war die gesamte Vorstadt überschwemmt, mehrere Häuser stürzten ein, 11 Menschen kamen ums Leben. Hausrat und Lebensmittel wurden vernichtet, das Vieh ertrank. Sogar einen schweren Amboss trieben die Fluten in die

Altstadt. Auf dem Markt stand das Wasser mannshoch. Herzog Ulrich leistete mit seinen Reitern bald Beistand und eine Welle der Hilfsbereitschaft rollte an. Aus dem Umland wurden Hilfsleistungen und Arbeitskräfte für den Wiederaufbau zur Verfügung gestellt. Insgesamt 200 Esslinger eilten den Bürgern Stuttgarts zu Hilfe. Sie brachten Brot und Fleisch für die hungernden Menschen und boten leihweise ihre Wagen an. Baumeister kamen aus Tübingen, Geld wurde gestiftet und der Herzog erließ die Jahressteuer. Auf diese Weise gelang es früher als erwartet, die Spuren der Verheerung zu beseitigen. Um in Zukunft derartige Katastrophen zu verhindern, wurde der Lauf des Nesenbachs verändert.

Im Jahr 1510 zerstörte ein heftiger Hagelschlag viele Fenster des Schlosses, der Stiftskirche sowie des Predigerklosters.

Für die Jahre 1513 bis 1516 war die Ernährung aufgrund guter Ernteergebnisse sichergestellt. Doch trotz alledem brach im Remstal der Bauernaufstand des »Armen Konrad« aus, der am 9. August 1514 von Herzog Ulrich blutig niedergeschlagen wurde.

Am 11. Dezember 1516 bot sich den Stuttgartern auf dem Marktplatz ein grausiges Ereignis dar: Der achtzigjährige Konrad Vautt wurde gevierteilt, Sebastian Breuning wurde enthauptet.

Ein Witterungsrückschlag im Jahr 1517 mit Spätfrösten und zerstörerischem Hagelschlag im Juni ließ Küche, Keller und Fässer leer bleiben. Die Preise explodierten und stiegen auf ungeahnte Höhen an. Der Chronist Rinmann klagte: »... es war gemeiniglich Jedermann so arm, als ich es nie erlebt.« Am Palmsonntag trat in Stuttgart ein starkes Erdbeben auf.

Es folgten sechs Jahre des Aufschwungs, in denen die günstige Witterung für beste Ernten bei Getreide, Obst, Gemüse und Wein sorgte.

Wie so oft ein Extrem das andere jagt, so begann mit dem Jahrgang 1524 wieder eine Reihe von schlechten Jahren, die nicht nur Missernten, sondern auch Seuchen brachten. Hinzu kamen die Unruhen des württembergischen Bauernkrieges. Im kalten Frühjahr 1524 erfroren am 10. April die Reben. Pfingsten war die Kälte so groß, dass man in Stuttgart Eis beobachtete.

Im April 1524 besetzten die »aufrührerischen Bauern« Stuttgart. Nur kurze Zeit später, am 12. Mai, wurde das Bauernheer zwischen Böblingen und Sindelfingen vom Schwäbischen Bund angegriffen und niedergemetzelt. Nur ein kleiner Teil der Aufständischen konnte in die Wälder des Schönbuchs fliehen. Damit fand der Bauernkrieg in Süddeutschland sein Ende.

Aufständische Bauern stürmten 1524 das Kloster Weißenau bei Ravensburg. Darstellung aus der Bilderchronik von Jakob Murer, Abt des Klosters Weißenau.

Bis 1529 blieben alle Ernteergebnisse schlecht. Spätfröste führten von 1526 bis 1528 zu Auswinterungen der Feldfrüchte. 1529 war es während der Bestellung der Felder so trocken, dass die Saaten nur spärlich aufgingen. Trüb blieb der Jahrgang, der Wein wurde ungenießbar. Man nannte ihn den »Türkenwein«, weil die Türken zu dieser Zeit Wien belagerten.

Von Juli bis Dezember des Jahres 1529 kam es zum Auftreten einer Epidemie. Der bislang nur auf den Britischen Inseln durch die Soldaten des Heeres verbreitete so genannte »Englische Schweiß«, griff nun auch mit verheerenden Auswirkungen auf Deutschland über. Zu den Krankheitssymptomen gehörten neben übermäßigem Schwitzen und heftigen Krämpfen auch ein vermehrtes Schlafbedürfnis sowie Bewusstseinsschwund. Um die vom »Englischen Schweiß« Befallenen vor zu langem Schlaf und dem Delirium zu bewahren, versuchte man sie durch Schütteln wach zu halten. Jedoch ohne großen Erfolg: Sechs Menschen starben an den Folgen der Krankheit.

Zu einem der wärmsten Winter der letzten 500 Jahre wurde der von 1529/30. Leicht bekleidet arbeitete man den ganzen Winter hindurch. Am 30. April schädigte jedoch ein Spätfrost die schon gut entwickelte Vegetation.

Die Pest forderte 1500 Menschenleben, der Hof flüchtete nach Tübingen.

Ungünstige Witterung ließ von 1531 bis 1533 alle Feldfrüchte, Obst und Wein missraten, allgemein stiegen die Preise.
Ab 1534 begann eine Serie besserer Jahrgänge, die unter stetem Temperaturanstieg verliefen. Ergiebige Ernten wurden eingefahren, doch versiegten im heiß und trocken verlaufenen Sommer 1536 die Quellen und es entstand großer Wassermangel.
Zu einer weiteren Steigerung der Hitze kam es im Jahr 1540: Mitteleuropa wurde 10 bis 12 Monate in den Subtropengürtel einbezogen. Sommerliche Temperaturen setzten schon im Februar ein und nur vereinzelt fiel in der Hitze des Sommers etwas Regen. Bereits um Johannis (2. Juli) gab es zeitige Trauben. In den wenig Wasser führenden Flüssen trieben viele Fische auf dem Rücken und konnten von Hand gefangen werden. Im staubtrockenen Erdreich klafften fußbreite Spalten, Waldbrände traten auf. Etwa zwei Monate vor dem normalen Lesetermin begann man an Bartholomä (24. August) mit der Weinlese. Die durch die Hitze zu stark ausgetrockneten Trauben ließ man am Stock. Anfang Oktober quollen die Trauben nach zweitägigem Regen wieder auf und man konnte zum zweiten Mal lesen. Beide Weine dieses Jahrgangs zeichneten sich durch Süße und Stärke aus. Der Wein aus den Oktobertrauben war jedoch noch feuriger als das Ergebnis der ersten Lese. Vom Beginn der Weinlese bis zum Sonntag in der Fastenzeit 1541 kostete dieser starke Wein in Württemberg 100 Menschen das Leben. Auch im Elsass trank sich mancher an dem süßen und wohlfeilen Rebensaft zu Tode. Mensch und Tier litten unter dem Wassermangel. Die Bewohner höher gelegener Orte mussten ihr Wasser aus weit entfernten Seen und Flüssen, oft im Dunkel der Nacht, in Fässern heranschaffen. Die meisten Mühlen standen aufgrund der ausgetrockneten Bäche still.
Ausgeglichener zeigte sich das Wetter von 1541 bis 1543. Die Ernährungslage war gesicherter, doch im Spätjahr 1541 brach die Pest aus, die erst im Frühjahr 1543 abflaute.

Der Hof flüchtete nach Urach, die Kanzlei zog nach Leonberg.

Als 1544 eine totale Sonnenfinsternis auftrat, nahmen die Menschen dies gottergeben als eine weitere Strafe hin, denn schon in Bezug auf die Lebenshaltung zeichnete sich dieses Jahr als ein besonders schlechtes aus. Ab dem folgenden Jahr trat jedoch eine Entspannung der Situation auf, da bis 1558 mittelmäßige bis sehr gute Ernteergebnisse erzielt werden konnten.

Am 1. Januar 1547 wurden die Stuttgarter in Angst und Schrecken versetzt: 200 Hackenschützen und ebenso viele Reiter rückten unter der Führung von Franz Duarte und Konrad von Bemelberg in die Stadt ein, besetzten das Schloss und plünderten es aus. Am 15. Januar näherte sich eine weitere, etwa 2000 Mann starke Kriegsschar, die aber im Umland blieb. Alle Einwohner mussten erhebliche Abgaben an die Truppen leisten.

Die strengen Winter der Jahre 1551, 1552 und 1553 ließen viele Bäume und Reben erfrieren.

Eine im Spätjahr 1551 ausbrechende Seuche zwang den Hof zur Flucht nach Herrenberg. Im September des gleichen Jahres zogen die Spanier ab.

Nach den vorangegangenen, relativ ertragreichen Jahren, stiegen ab 1559 die Preise erneut an. Den eisigen Wintermonaten der Jahre 1560 bis 1563 folgten trüb-nasse Sommer.

Am 28. Dezember 1560 konnte ein wunderschönes Nordlicht beobachtet werden.

Im bitterkalten Winter 1560/61 platzten die Rinden mancher Bäume mit einem lauten Knall, der an Geschützdonner erinnerte. Dabei bildeten sich bis zu sechs Meter lange Frostrisse. Auch in den Wintern der Jahre 1676/77, 1683/84, 1708/09, 1788/89 und 1879 wurde dieses Phänomen registriert. Verzweifelte Menschen, deren Vorrat an Brennmaterial erschöpft war, brachen die Verbote der Obrigkeit und fällten Bäume. Wer das nicht tat, erlitt Erfrierungen oder starb gar vor Kälte.

Die im warmen Frühjahr und Sommer 1562 aufkommende große Hoffnung auf ein endlich fruchtbares Jahr wurde am 3. August um 11 Uhr vormittags jäh zerstört: Nach großer Finsternis entlud sich ein gewaltiges Gewitter mit vernichtendem Hagel. Zwei Pferde und eine Kuh wurden erschlagen, fast alle Fensterscheiben, viele Dächer, ja ganze Gebäude wurden zerstört. Die Chronisten be-

richteten, dass sich das Unwetter über ganz Schwaben bis nach Südtirol erstreckte.
Dem im Volk weit verbreiteten Wahn, das Wetter sei von Hexen gemacht, fielen neun alte Frauen als »Hagelkocherinnen« zum Opfer. Es wurde behauptet, dass sie auf der Feuerbacher Heide eine Zusammenkunft abgehalten und dort das Unwetter heraufbeschworen hätten.
Herzog Christoph fand eine andere Erklärung für die Hagelkatastrophe: »... unsere vielfältige Sünde und Undankbarkeit, besonders das überschwengliche Fressen, Saufen und Bankettieren und alle Üppigkeit bei Hoch und Nieder ...«
»Ihm war es ein großer Trost, dass ein paar Stunden nach dem grausamen Hagel Gott der Herr sein Friedenszeichen, einen schönen Regenbogen, eine gute Zeit hat scheinen lassen und dass im Folgemonat Kirschen und Apfelbäume aufs Neue blühten und die zerschlagenen Reben wieder ausschlugen.«
Eine allgemeine Teuerung setzte ein und hielt bis ins Jahr 1564 an.

Bereits 1563 mischten sich arme Leute gemahlene Eichenrinde unter das Mehl, um nicht zu verhungern.

1564 kam es zum Totalausfall der Weinlese, schlecht gerieten die Feldfrüchte.

Unter den geschwächten Menschen brach Ende dieses Jahres erneut eine Seuche aus, an der 156 Personen starben. Der Hof floh vor der Seuche nach Tübingen und die Kanzlei zog nach Urach, wo sie jeweils bis 1565 blieben.

Von 1565 – als in Reutlingen die hundertjährige Hexenjagd begann und in Stuttgart der Folterturm gebaut wurde – bis 1569 blieben die Winter überwiegend kalt. Günstigere Witterung in den Vegetationsperioden sorgte jedoch für bessere Ergebnisse bei der Ernte. Allerdings fiel der Wein bis auf den Jahrgang 1567 sauer aus und auch die Ertragsmenge blieb hinter den Erwartungen zurück.

Ein Brand im Schloss zerstörte den Langen Saal. Rund 1000 Bürger halfen bei der Brandbekämpfung, als Dank erhielten sie drei Schoppen Wein und einen Viertel Laib Brot.

Von 1570 bis 1574 gab es witterungsbedingt so große Ernteausfälle, dass Getreide eingeführt werden musste. Abgesandte waren für viel Geld und mit wenig Erfolg

nach Holland, England, Danzig und andernorts aufgebrochen, um Getreide für die notleidenden Bürger zu kaufen. Wegen der schlechten Straßen konnte das Getreide nicht oder nur mit hohen Kosten nach Stuttgart gebracht werden. Die Bäckerläden wurden von Menschenmassen umlagert, viele gingen leer aus. Durch schändlichen Wucher wurde die Notlage weiter gesteigert.
Im Jahr 1575 gerieten endlich die Feld- und Gartenfrüchte gut, doch erst ein Jahr später nahte das Ende der Teuerung, die einen nie erlebten Höchststand erreicht hatte.
Allgemeine Zufriedenheit konnte jedoch nicht aufkommen. Im Jahr 1577 musste das Getreide aufgrund der regnerischen Witterung nass geerntet werden und auch die folgenden Jahre erwiesen sich als stark wechselhaft: Auf zwei warme Jahre folgte 1580 ein regnerisches, kühles und gewittriges Jahr. Verheerende Unwetter bestimmten 1581 den Witterungsverlauf. Für das Jahr 1582 wird von einem Übermaß an Niederschlägen berichtet. Erst 1583 sanken alle Preise spürbar und man hatte sogar Schwierigkeiten, genügend Fässer für die Lagerung des reichlichen und guten Weines heranzuschaffen.
Auch in den Jahren 1584 und 1585 wurden die Erträge durch die günstige Witterung positiv beeinflusst.

Als 1585 in der Umgebung von Stuttgart eine Seuche ausbrach, wurden die Wochenmärkte vor die Tore der Stadt verlegt, um ein Übergreifen und Ausbreiten der Krankheit zu verhindern.

Erhebliche Schäden bei der Vegetation traten ab 1586 aufgrund schlechter Witterungsverhältnisse auf. Eine Teuerung folgte auf dem Fuß. Schneereiche Winter, zu nasse Sommer, Hagelschläge, verfaulte Halmfrüchte, diese Folge währte bis 1591. Erst ein Jahr später trat eine Entspannung auf dem Markt ein, lediglich der Wein war missraten. Besser verlief der Jahrgang 1593, als schon im warmen Februar mit der Aussaat und der Arbeit in den Weingärten begonnen werden konnte. Im folgenden Jahr verdarb die Ernte aufgrund von Nässe und man musste Getreide aus Bayern einführen.

Ab dem Juni des Jahres 1594 starben täglich viele Menschen an einer pestartigen Seuche. Innerhalb von acht Monaten zählte man rund 2000 Tote. Um die Ansteckungsgefahr möglichst gering zu halten, wurden Kleidung und Bettzeug der Verstorbenen außerhalb der Stadtmauern verbrannt. Im April 1595 kehrten der geflüchtete Hof von Kirchheim und die Kanzlei von Backnang zurück.

Dem kalten, schneereichen Winter 1594/95 folgten nach rasch einsetzendem Tauwetter starke Überschwemmungen, die sich jedoch nicht negativ auf die Ernte auswirkten. Nach heftigen Wolkenbrüchen kam es auch in den beiden folgenden Jahren zu großen Überschwemmungen, dieses Mal jedoch blieben die Ernte- und Leseergebnisse hinter den Erwartungen zurück.
Im Jahr 1598 waren alle landwirtschaftlichen Erzeugnisse bedingt durch einen zu nassen Sommer und Herbst von nur mäßiger Qualität und Quantität, wie im Vorjahr faulten die Trauben.
Hervorragend zeigte sich das fruchtbare Jahr 1599, als Pfingsten schon die Erdbeeren und Kirschen heranreiften.
Dem missratenen Obst und Wein stand 1600 eine gute Halmfruchternte gegenüber, so dass das Jahrhundert ohne Hungersnöte ausklang.

Am 10. Juli 1600 beobachtete Johannes Kepler in Graz eine partielle Sonnenfinsternis.

17. Jahrhundert

Klimaschwankungen und der Dreißigjährige Krieg

Im ersten Viertel des 17. Jahrhunderts traten sowohl sehr milde als auch schneereiche bis eisige Winter auf. Diese Klimaschwankungen sind aus den phänologischen Pflanzen- und Tierbeobachtungen ersichtlich. Christian Pfister berichtet, dass sich in den beiden ersten Jahrzehnten des 17. Jahrhunderts die Veränderlichkeit des Klimas steigerte und das vor allem im Winter. Als Ursache dieses Klimasturzes wird die zeitweilige Abschwächung der Sonneneinstrahlung vermutet. Zwischen 1645 und 1715 verringerte sich die Anzahl der Sonnenflecken, der Gradmesser der solaren Aktivität, rapide. Zwischen 1675 und 1704 verschwanden sie sogar vollständig. Während dieser Zeit stießen die kalten Meeresströmungen weit nach Süden vor. Hubert Lamb schließt aus dem Rückgang der Kabeljaufänge – das Vorkommen dieses Fisches ist an eine Wassertemperatur von mehr als 2 °C gebunden – dass sich das kalte Wasser Ostgrönlands 1695 bis auf die Höhe von Stavanger ausdehnte.

Wie hiesige Chronisten berichten, kam es bis 1628 zu meist unfruchtbaren Jahren, die Nahrungsmangel und Teuerung hervorriefen. Nach guten Ernteergebnissen von 1629 bis 1631 missrieten wieder Frucht und Wein. In den Jahren von 1634 bis 1638 konnten Ernte und Lese aufgrund kriegerischer Auseinandersetzungen nicht eingebracht werden und noch vorhandene Vorräte wurden von den feindlichen Truppen beschlagnahmt. Zum Hunger gesellte sich die Pest. Obwohl sich in der Folge bis 1647 acht fruchtbare Jahre anschlossen, fiel die Qualität des Weins nicht immer gut aus.

Die zweite Hälfte des 17. Jahrhunderts wies ebenfalls häufige Wechsel zwischen fruchtbaren und unfruchtbaren Jahren auf. Ein durch alle Jahreszeiten gehender Temperatursturz wird für das Jahr 1688/89 verzeichnet. Feindliche Truppen bedrängten die Bevölkerung, die abermals unter Teuerungen und Mangel an Nahrungsmitteln zu leiden hatte, in den Jahren 1688, 1693 und 1694. Erst ab 1695 sanken nach guten Ernteergebnissen die Preise.

In diesem Jahrhundert kam es zu einer Stagnation des Handels der Fugger in Augsburg und Nürnberg und, bedingt durch die aufkommenden Seemächte Englands und der Niederlande nach der Entdeckung der Neuen Welt, zum Niedergang der Hanse. Die von dort ausgehenden Impulse wurden von den deutschen Feudalherren zum eigenen wirtschaftlichen Nachteil nicht übernommen. Aus diesem Grund verschlechterte sich die Versorgungslage der städtischen Bevölkerung. Aufgrund des geringen Angebots kam es immer wieder zu erheblichen Preissteigerungen bei Getreide und Backwaren, noch stärker stiegen allerdings die Fleischpreise.

Die Bevölkerung Deutschlands hatte sich von der Mitte des 17. Jahrhunderts bis zur Mitte des 18. Jahrhunderts – mit regionalen Unterschieden – erheblich vermehrt, sowohl durch natürliches Wachstum als auch durch Zuwanderungen aus anderen Gebieten, wie beispielsweise aus Frankreich mit 100 000 bis 150 000 Menschen. Man nimmt an, dass die Bevölkerungszahl in Deutschland in den rund 100 Jahren von 10 auf circa 16 Millionen anstieg. Die zwischenzeitlich auftretenden Schwankungen beruhten auf Verlusten durch Kriegsereignisse, Hungersnöte und Seuchen. Allerdings kam es nicht zu so großen Einbrüchen, wie sie die Pestepidemien im Spätmittelalter oder die mörderischen Überfälle während des Dreißigjährigen Krieges verursacht hatten. Zwischen 1618 und 1648 verringerte sich beispielsweise die Bevölkerungszahl des Herzogtums Württemberg von etwa 400 000 auf circa 50 000 Einwohner.

Die landwirtschaftliche Produktion wurde in den vom Dreißigjährigen Krieg unmittelbar betroffenen Regionen zum Großteil bzw. in einigen Fällen sogar komplett eingestellt. Damit sich der Feind nicht vom eroberten Land ernähren konnte, verwüstete man die Felder, sicherte die schon eingebrachte Ernte und schlachtete das Vieh oder trieb es fort. Die Einwohner litten unter den umherziehenden Truppen, und wer es nicht schaffte zu fliehen, wurde misshandelt oder getötet. So sollen im Jahr 1634 bei der Eroberung Augsburgs durch die Kaiserlichen mehr als 60 000 Menschen ums Leben gekommen sein, wobei es sich bei einem großen Teil (etwa 40 000) um in die Stadt geflüchtete Landbewohner gehandelt haben soll. Die zusätzlich zur Hungersnot auftretenden Seuchen boten 1633 den Anlass für den Beginn der Oberammergauer Passionsspiele.

Die Hexenjagd geht weiter

Nicht nur in Württemberg wurden Hexenprozesse schnell durchgeführt. Die verschiedenen Folterarten und -methoden wurden in fünf Grade unterteilt. Der Hinrichtungstag begann um 6 Uhr mit Beichte und heiligem Abendmahl, danach wurde der Delinquent dem Nach- oder Scharfrichter übergeben und auf einem Wagen zur Richtstätte gebracht.

Auf diese Weise wurden von 1603 bis 1667 in Reutlingen rund 50 Hinrichtungen vollzogen. Das Schicksal etwa 30 weiterer Angeklagter ist ungewiss. Jedoch kam es nur in seltenen Fällen zum Freispruch, einige der Beschuldigten begingen Selbstmord, andere wiederum verhungerten, weil sie die Nahrung verweigerten. Der Pfarrer Bantlin, der sich gegen das Treiben der Hexenjagd ausgesprochen hatte, wurde gefoltert. Mit etlichen Knochenbrüchen und gegen eine Zahlung von 300 Reichstalern kam er frei. Auch Johannes Keplers Mutter Katharina aus Weil der Stadt wurde der Hexerei angeklagt, einer Folter ersten Grades unterzogen und schließlich durch die Hilfe ihres Sohnes und den Befehl des Herzogs Friedrich von Württemberg freigesprochen. Am 13. April 1622, ein halbes Jahr nach ihrer Entlassung, starb sie. Daniel Hauff (1628–1665), Mitglied des Geheimen Rates in Esslingen, führte gezielt groß angelegte Hexenprozesse durch, unter denen über 350 Menschen zu leiden hatten. Eine verschärfte Verfolgung der angeblichen Hexen setzte im Jahr 1660 ein. In Vaihingen wurden 88 Personen der Hexerei beschuldigt, in Möhringen 77, in Stuttgart 49 und in Esslingen 39. Erst mit dem Tode Hauffs ließen die Verfolgungen in Württemberg etwas nach.

Keiner war vor Anschuldigungen sicher. Das Gerede der Nachbarn oder das Geschwätz der Kinder genügte, um als Hexe angeklagt zu werden. So erzählte der zehnjährige Sohn des Schmieds in Deizisau bei Esslingen seinem Schulkameraden: »... meine Ahne ist auch zu nichts nutz, ich bin mit ihr bei Nacht schon ausgefahren ... «. Daraufhin sollte die alte Frau verhaftet und gefoltert werden. Die Geflüchtete fand man später tot im Waldesdickicht.

Eine in Württemberg angewandte Foltermethode stellte die so genannte Wippe dar. Bei diesem Verfahren band man dem Angeklagten die Hände und Füße zusammen und zog sie über einem laufenden Seil auf und nieder. Zur Steigerung wurde ein leichter, bei der Folter dritten Grades ein bis zu einem Zentner schwerer Stein angehängt, was zur Verrenkung der Gliedmaßen führte. Das Gericht erholte sich zwischendurch beim Morgentrunk und überließ die Gemarterten derweil ihren entsetzlichen Qualen, um sie so zum Geständnis zu bewegen.

In Ortenberg wurden 1627 mehrere »Hexen« verbrannt, die unter der Folter zahlreiche Offenburgerinnen der Mitschuld bezichtigt hatten. Nun nahm auch in Offenburg die Hexenjagd ihren Anfang. Als Instrument der Folter kam dabei ein so genannter Hexenstuhl nach Ortenberger Muster zum Einsatz. Der Peinmann (Henker) goss bei dieser Methode siedendheißes Öl oder Branntwein über die Beine der Angeklagten. In Baden-Baden ließ man 1629 eine gefolterte Frau nach Beendigung des Verfahrens noch 52 Stunden auf dem Hexenstuhl sitzen. Aber auch die Drehscheibe, die das Fleisch aus dem Rücken der angeblichen Hexen riss, fand Verwendung. Dem Erfindungsreichtum der Peinmänner bei der Erzwingung eines Geständnisses waren keine Grenzen gesetzt.

Alltag in der Stadt: Bettler und Gassenvögel, Pomp und Völlerei

Die Bürger Stuttgarts und der umliegenden Dörfer hatten vor allem nach Ausbruch des Dreißigjährigen Krieges unter einem ungewöhnlichen Zuzug von Landstreichern und Bettlern zu leiden. Trotz aller Aufsicht an den Toren der Stadt war es unmöglich, die Vagabunden abzuhalten. Die Stadt Stuttgart und das nähere Umland bildeten einen ständigen Anziehungspunkt für Bettler, die die Felder, Gärten und Weinlagen plünderten.

Beklagt wurden auch die Folgen des übermäßigen Trinkens, wie Raufereien und Schlaghändel mit oft tödlichen Folgen. »Die ruchlosen umherschweifenden Gassenvögel erfüllten die Straßen mit wildem Geschrei und begannen blutige Händel, hieben mit Degen und Schwertern an Haustüren, insultierten jeden, der ihnen begegnete, ...« notierten die Chronisten. Aus diesem Grund wurden die Nachtwachen verstärkt, um die »Tumultanten« zu verhaften und bei Wasser und Brot »einzutürmen«. Wenn es gar Hof- und Kanzleibedienstete waren, mussten sie, laut einem Erlass vom 11.7.1629, der Regierung angezeigt werden. Da das »Gassatumgehen und Schreien bei den jungen Weingärtnern arg überhand nahm, wurde befohlen, sie ins Narrenhäuslein zu sperren« (Erlass vom 8.12.1646).

Das so genannte »Narrenhäuslein« war ein hölzerner Anbau am Herrenhaus auf dem Markt. An der Ecke dieses Hauses befand sich der Pranger, an den unzüchtige Dirnen, Marktdiebe und ähnliche Schandtäter kamen. Am Nesenbach stand der Gießhübel, ein hölzerner Kasten mit einer Falltür, durch die die Schuldigen ins Wasser stürzten. Neben dem Folterturm existierte eine Reihe weiterer Gefängnisse sowie das »Frauenkätzlein«. Der Galgen wurde auf die Gänsheide verlegt, da der üble Gestank, der von diesem Ort ausging, über die Stadt zum Schloss zog.

Anlass zu wiederholten Klagen bot der große Aufwand, der bei Hochzeiten und Feiern betrieben wurde. Man schlachtete dazu bisweilen fünf Kälber, viele Hühner, Schweine und Hammel. Die wohl dadurch entstandene Knappheit führte zu dem Ausspruch »Stuttgart ist eine rechte Hungergrube, wo man um das doppelte und dreifache Geld nichts von Lebensmitteln bekommt.« Das große Lärmen bei den Feiern, zu denen sich auch Hofdiener und andere Leute gesellten, die allerhand Unfug trieben »... sei für eine fürstliche Stadt ein Spott und eine Schande ...«, weswegen ernste Maßnahmen zur Abstellung getroffen wurden. Die Geistlichkeit beklagte die Zunahme von Unzucht in der Stadt: Im Jahr 1608 kamen zehn uneheliche Kinder zur Welt.

Am Hof mehrte sich die Zahl der Ausländer, vor allem die der Franzosen und Italiener Mit ihnen kamen fremde Sitten aber auch Laster nach Stuttgart, deren Ein-

Bettler zogen zur Zeit des Dreißigjährigen Krieges und danach in großer Zahl durch Württemberg. Sehr oft waren es, wie dieser Stelzfuß, Kriegsinvaliden.

wirkungen auf die Bewohner der Stadt – trotz Ermahnungen der Seelsorger – nicht ausblieben. Dies äußerte sich in freierer Lebensart, vermehrter Genusssucht und dem Nachahmen fremder Mode und Torheiten.

Um 1607 waren insgesamt 513 Personen am Hof beschäftigt, darunter 21 Haus-, Land-, Mund-, Ritter-, Salz- und Gesindeköche, 13 Küchenjungen, 5 Bäcker, 32 Knechte, Lakaien, Mägde, 21 Stallknechte, 32 Bauhofknechte, 17 andere Knechte, 5 Schmiede, 20 Kutscher, 9 Jäger, 1 Falkner mit 6 Helfern, 5 Rüst- und Büchsenmeister, 4 Hundewärter, 41 Musiker und schließlich zahlreiche höhere Beamte sowie Edel- und Spießjungen. Sie alle wurden am Hof verpflegt.

Nach Ausbruch des Krieges wurde die polizeiliche Aufsicht verschärft und sonst erlaubte Vergnügungen wurden verboten. Doch das Elend und die lange Dauer des Krieges löste alle Bande der Zucht und Ordnung, besonders bei der heranwachsenden Generation, die verwilderte und nur an den schnellen Genuss dachte. Die höheren Stände gingen oft mit schlechtem Beispiel voran.

Erdbeben, frühe Erdbeeren und »Schnapphahnen«: Wetter und Leben von 1601 bis 1700

Das Jahrhundert begann aufgrund einer anhaltenden Kälteperiode 1601 mit einer schlechten Ernte. Am 7. September trat ein Erdbeben auf. Im folgenden Jahr geriet zwar das Getreide gut, doch mussten die Keltern geschlossen bleiben, da die Weinlese witterungsbedingt gering ausgefallen war.

Am 10. September 1603 kam es erneut zu einem Erdbeben und am 29. September konnte man gegen 15 Uhr bei einer totalen Sonnenfinsternis die Sterne sehen.

Nach nur mäßigen Ernteergebnissen in den Jahren 1603 und 1604, förderte ab Juni 1605 ausgeglichene Witterung das Wachstum der Pflanzen. Die im Dezember desselben Jahres einsetzenden starken Schneefälle verhinderten für Mensch und Tier ein Durchkommen. Die hohe Schneedecke blieb bis Februar 1606 liegen. Die folgenden Jahreszeiten verliefen zu nass und im September erfror ein Großteil der Trauben. Das etwas fruchtbarer verlaufene Jahr 1607 leitete ab dem 15. Dezember mit strenger Kälte einen der »Großen Winter« ein. Im Januar 1608

erfroren auch vor den Häusern in Stuttgart die Obstbäume und Weinstöcke. Unter der Nässe im folgenden Sommer verdarb das Getreide, ein Hagelschlag am 21. August richtete großen Schaden an. Alle Nahrungsmittel verteuerten sich.
Als Wiedergutmachung war der Winter 1608/09 von solch milden Temperaturen begünstigt, dass – wie ein Chronist berichtet: »... schon um Lichtmess reife Erdbeeren gepflückt werden konnten.«
Dafür gingen im sich anschließenden Frühjahr die Temperaturen in den Frostbereich über. Nach dem gewittrig verlaufenen Sommer traten die ersten Fröste bereits im September auf, während der Weinlese ab dem 8. Oktober fror der Wein in den Fässern.
Aufgrund der ausgefallenen Getreideernte, die unter Starkniederschlägen im ersten Halbjahr buchstäblich ins Wasser gefallen war, kam es im Jahr 1610 zu einer immensen Teuerung. Die Bäcker konnten ab September kein Brot mehr liefern, dagegen gab es einen »Ausbund« an Wein, der im sonnigen Spätsommer reifte.

Eine Blatternseuche breitete sich aus.

Von 1611 bis 1614 blieben die Jahrgänge ertragsarm, da Starkregen, Hagel und Überschwemmungen das Wetter bestimmten. Besonders zerstörerisch wütete das Unwetter vom 16. Mai 1612. Die Wassermassen schwemmten die Rebstöcke samt den Mauern der Weingärten ins Tal. Der Hagel fiel in solcher Menge, dass die Landschaft ein winterliches Aussehen erhielt. Am 7. Juli zerstörte ein weiterer Hagelschlag die verschont gebliebenen Lagen.

Aufgrund der allgemeinen Unsauberkeit der Stadt ergingen im Jahr 1613 Aufrufe, sämtliche Unreinlichkeiten zu beseitigen sowie die Gassen alle 14 Tage zu reinigen, die Brunnen sauber zu halten und die Kloaken weder tagsüber noch bei Regen zu säubern.

Ab 1615 förderte ein Temperaturanstieg mit sommerlichen Hitzeperioden gute Ergebnisse bei Getreide und Wein. Obwohl in den Jahren 1618 bis 1620 bei schwüler Witterung häufig Gewitter mit Hagelschlägen sowie Überschwemmungen auftraten, sanken die Preise.
Schlechte Witterungsverhältnisse ab 1621 führten erneut zu Missernten. Neben Wolkenbrüchen und Hagel kam es zu anhaltenden Regenfällen. Die starke Teuerung ließ viele arme Menschen vor Hunger sterben. Das verdorbene Getreide

wollten selbst die Schweine nicht mehr fressen. Diese Zeit der Not währte acht Jahre lang.

Im Februar wurde das »Verbot des Nachtschwärmens« erlassen.

Ab 1629 besserten sich die Wetterlagen, und die Preise sanken dank guter Ernteergebnisse. Die gute Zeit dauerte bis 1631 an. In diesem Jahr prägte man eine Münze mit der Aufschrift »In diesem Jahr von Most sehr gut – all Kelter überlaufen tut.«
Nach Rückschlägen mit Preisanstiegen während der Jahre 1632/33 gedieh 1634 alles im Überfluss, doch am 10. September fielen kurz vor der Weinlese die kaiserlichen Truppen im Lande ein. Wegen der allgemeinen Unruhen musste der reiche Herbst an den Stöcken verfaulen.

Im Herbst 1634 begann für Stuttgart die härteste Zeit während des Dreißigjährigen Krieges. In diesem Jahr ergossen sich die kaiserlichen Heerscharen nach der Niederlage der Schweden bei Nördlingen, in einem verwüstenden Strom über Württemberg. Im folgenden Jahr entstand große Not, da die fremden Truppen die Vorräte beschlagnahmten. Eine Bestellung der Felder war nicht mehr möglich, die Preise stiegen ins Unermessliche. Für die Armen, die nichts mehr bezahlen konnten, ließ man Eicheln zur Brotherstellung mahlen. Zur Stillung des Hungers aß man Nesseln, Schnecken, Hunde und Katzen sowie das Fleisch von gefallenen Pferden. Häufig fand man morgens auf den Straßen Menschen, die nachts vor Hunger gestorben waren. Zu diesem Elend gesellte sich die Pest, die im Herbst 1634 ausgebrochen war. Von 1635 bis 1638 starben in Stuttgart 8810 Menschen am »Schwarzen Tod«. Sie wurden in großen Massengräbern beigesetzt. Erst 1639, als auch die Truppen abgezogen waren, klang die Seuche aus.

Unter allmählich einsetzender Sicherheit, konnte 1639 eine gute Ernte eingebracht werden. Die Brotpreise sanken und es schlossen sich acht fruchtbare Jahre an.

Am 2. Mai 1648 wurde aus Anlass der Beendigung des Dreißigjährigen Krieges ein Dank- und Friedensfest abgehalten.

Dem guten Beginn der zweiten Jahrhunderthälfte folgte am 6. Januar 1651 durch eine rasche Schneeschmelze eine Überflutung des Nesenbachs, die die Menschen mit ihrem Vieh und ihren Habseligkeiten zur Flucht zwang. Am 2. Juli 1652 schwoll der Nesenbach nach einem Wolkenbruch derart an, dass die Wassermassen den Markt erreichten. Keller stürzten ein, Pferde wurden hinweggeschwemmt und der Lustgarten verheert. Benachbarte Ämter schickten Fuhrwerke und Fröhner zur Beseitigung des Morastes und zum Wiederaufbau. Laut Anordnung des Herzogs wurde der Nesenbach anschließend unterhalb des Lustgartens umgeleitet.

Nach guten Ernteergebnissen in den Jahren 1653 bis 1656 sanken die Preise.

Am 7. März 1654 trat jedoch ein Erdbeben auf. Drei weitere Erdbeben führten im März 1655 zu Gebäudeschäden in Stuttgart und Umgebung.

Dem zu nasskalten, sonnenscheinarmen und damit unfruchtbaren Jahr 1657 folgte ein Jahr später ein weiterer Kälterückschlag, der im Winter viele Obstgehölze erfrieren ließ. Der Frühling verlief zu kalt und windig. Am 26. Juni wurde auf den Fildern sogar Reif beobachtet. Keller und Scheunen blieben in diesem Jahr leer.

Ein Chronist berichtet, dass in diesem kalten Winter der Schwedenkönig Karl X. mit einem 20 000 Mann starken Heer über den zugefroren Kleinen Belt der Ostsee zog.

Stark wechselhaft, zwischen milden und frostigen Perioden schwankend, verliefen Winter und Frühling des Jahres 1658/59 und auch die folgenden Jahreszeiten zeigten sich unbeständig. Alle Ernteergebnisse fielen recht unbefriedigend aus.
Nach dem mittelmäßig verlaufenen Jahrgang 1660, erschien von Januar bis März 1661 ein Komet. Entgegen der Hoffnung, die man auf sein Erscheinen gesetzt hatte, verlief das Jahr unter solch entwicklungshemmenden Wetterbedingungen für die Vegetation, dass die schlechte Ernte und Lese zu spürbaren Preisanstiegen führten.
Ab 1662 setzten sich die Missernten für weitere fünf Jahre fort, was wiederum eine Teuerung hervorrief.
1668 erhoffte man sich vom Erscheinen eines Kometen eine Besserung der Witterungslage. Und tatsächlich zeichneten sich die Jahreszeiten ab dem Frühling durch ungestörte Wärme aus. Die Getreideernte war so gut, dass die Preise sanken. Viel Wein von mittlerer Güte wurde hergestellt. Ein starkes Gewitter in der

Christnacht beendete diese Phase guten Wetters und leitete eine große Kältewelle ein. Trotz kalter Wintermonate waren die Jahrgänge 1669 bis 1672 dank sommerlicher Wärme ertragreich. Der reichliche Wein schwankte in seiner Qualität zwischen mäßig bis gut.

In den folgenden vier Jahren wurde die Vegetation durch Spätfröste, zu häufige Niederschläge und starken Hagel im Jahr 1675 so sehr geschädigt, dass sich die Getreidepreise erheblich verteuerten, auch die Weinpreise zogen an. Erst ab 1677 ließ die Teuerung aufgrund guter Erträge nach. Diese Phase der Entspannung währte zehn Jahre lang.

Im Jahr 1679 griff jedoch eine weitverbreitete Seuche auch auf Deutschland über. Ab September durfte niemand mehr auf den beiden inneren Friedhöfen beerdigt werden. Ein geschärftes Gebot der Straßensäuberung wurde erlassen, um die Gefahr einzudämmen. Die Seuche flaute 1680 in Stuttgart ab. Da sie andernorts weiterwütete, wurden die Tore der Stadt streng bewacht, damit Fremden, besonders Bettlern, abgedankten Soldaten, Handwerksburschen und Landstreichern, der Zutritt verwehrt wurde.

Im Jahr 1688 verlief die Witterung überwiegend stürmisch und regnerisch, dennoch erbrachte die Lese viel Wein von »ziemlicher Güte.«

40 Jahre waren seit dem Ende des Dreißigjährigen Krieges vergangen, ein Zeitabschnitt in dem der Stuttgarter Raum von jeglicher Feindberührung verschont blieb. Im September brach jedoch der eroberungssüchtige Ludwig XIV. den vier Jahre zuvor geschlossenen Waffenstillstand mit dem Deutschen Reich und schickte seine »zügellosen Scharen« über den Rhein. Diese stießen auf keinen Widerstand, da die Schwäbischen Kreistruppen zu der Zeit in Ungarn gegen die Türken kämpften. So rückten die Franzosen ungehindert in Württemberg ein. Um seine Kreistruppen ins Land zu holen, reiste Herzog Friedrich mit der vorherigen Empfehlung an die Bürger Stuttgarts: »... sie mögen die feindlichen Truppen freundlich empfangen und die von ihnen verlangten Lieferungen entrichten«, ab. Die Feinde drangen durch das Hauptstätter Tor in die Stadt ein, und ab dem 20. Dezember kam es zu Brandschatzungen und Plünderungen, in deren Verlauf 20 Einwohner und 100 Franzosen getötet wurden. Anschließend erpressten die Franzosen unter Drohungen und Misshandlungen eine große Summe an Geld von der Stadt. Auf die Nachricht vom Heranrücken deutscher Truppen am 23. Dezember 1688 hin, zogen die Franzosen eilig ab. Die Soldaten aber folgten den Flüchtenden und kehrten mit reicher Beute zurück. Auch die Bürger wollten nun ihrer geraubten Habe nacheilen. Sie bewaffneten sich und verlangten Pulver aus dem Zeughaus. In die offen auf die Straße gestellten Tonnen fiel jedoch eine brennende Lunte. Die Pulverfässer flogen in die Luft, 15 Menschen starben. Die Verfolgung

der flüchtenden französischen Truppen wurde nun aufgegeben. Die eingetroffenen deutschen Soldaten hieben alle zurückgebliebenen verwundeten Feinde nieder. Unvorsichtigerweise sprach der Kammerdiener des Herzogs auf der Straße französisch, was ihn das Leben kostete. Der feindliche Überfall hatte der Stadt Stuttgart großen Schaden zugefügt. Um diesen zu bestreiten, mussten enorme Schulden gemacht werden.

Die von den kriegerischen Ereignissen bereits stark geschädigten Bürger mussten 1689 aufgrund der schlechten Ernte abermals Teuerungen in Kauf nehmen. Besser zeigten sich die Jahrgänge 1690 und 1691, bis in den beiden folgenden Jahren Kälte und nasse Sommer Feldfrüchte, Obst und Wein verderben ließen.

Im Juli 1693 drang erneut ein französisches Heer in Württemberg ein und plünderte und besetzte die Stadt. In das Lager der Truppen bei Kornwestheim mussten ununterbrochen Lebensmittel geliefert werden, die aber oft von den »Schnapphahnen«, einer Freischar des deutschen Heeres, geraubt wurden. Vom Bopser her zogen »Schnapphahnen« und bewaffnete Bauern, die ihrerseits von württembergischen Dragonern gejagt wurden, gegen die Stadt. Beim Anmarsch deutscher Truppen, zogen die Franzosen am 17. August schließlich ab. In der Folge kam es für die Einwohner zu einer Teuerung, wie man sie seit dem Hungerjahr 1635 nicht mehr erlebt hatte. Die Armen nahmen die unnatürlichsten Nahrungsmittel zu sich und viele starben vor Hunger.

Aufgrund der großen Unruhen und des Mangels an Zugtieren, blieben im Jahr 1694 die Felder unbestellt. Auch die im warmen Sommer vorzüglich gediehenen Trauben konnten nicht gefahrlos gelesen werden. Die Teuerung hielt daher unvermindert an.

Erst als ein Jahr später wieder Feldarbeiten möglich waren und die Ernte gut ausfiel, sanken die Preise.

Bis zum Ende dieses Jahrhunderts zeigten sich die Jahrgänge, ausgenommen das Jahr 1698, überwiegend fruchtbar.

18. Jahrhundert

Die Abhängigkeit von der Witterung und der Siegeszug der Kartoffel

Mit dem Beginn des 18. Jahrhunderts folgten den meist sehr kalt verlaufenen Wintermonaten unternormale Frühlingstemperaturen. Von 1718 bis 1725 erreichten alle Jahreszeiten – ausgenommen die Winter – meist die entsprechende durchschnittliche Temperatur. Zeitweise war es jedoch zu trocken (1718), beziehungsweise übernormal nass (1725).
Am 9. Oktober 1721 führte starker Frost zum fast totalen Ausfall der Weinlese. Insgesamt fünfmal kam es im ersten Vierteljahrhundert zu schlechten Ernteergebnissen. Von 1725 bis 1750 standen den überwiegend fruchtbaren Jahrgängen sechs Fehljahre gegenüber. Im Jahr 1740 wurde das kälteste Frühjahr der vergangenen 500 Jahre registriert.
In der Zeitspanne von 1751 bis 1770 wurden insgesamt acht unfruchtbare Jahre verzeichnet, wobei die Missernten der Jahre 1767 bis 1770 zu enormer Teuerung und Hungersnot führten. Um künftig eine besser gesicherte Ernährungsgrundlage zu schaffen, wurde der Anbau von Kartoffeln immer weiter vorangetrieben. Von 1771 bis zur Jahrhundertwende kam es nach überwiegend sehr kalten Wintern meist zu hochsommerlicher Hitze. Als besonders heiß und trocken erwiesen sich die Sommer der Jahrgänge von 1778 bis 1784. Ähnlich extrem verlief auch der sich anschließende Winter des Jahres 1784/85: die Weinlese musste daher im folgenden Jahr fast komplett ausfallen. Herausragende Ernte- und Leseergebnisse wurden 1788 erzielt. Im Folgejahr aber litt die Vegetation nach häufigen heftigen Gewittern mit Überschwemmungen unter kühl-feuchter Witterung, so dass Nahrungsknappheit und erhebliche Preisanstiege die Konsequenz waren. Im letzten Dezennium des 18. Jahrhunderts konnte nur viermal eine reichliche Lese mit sehr guter Qualität erreicht werden und zwar in den heiß-trockenen Jahren 1793, 1794, 1796 und 1798. Zu Missernten kam es in den zu nassen Jahrgängen von 1795 und 1797.

Die soziale Ordnung: Adel oben, Bauern unten

Im 18. Jahrhundert lebte die Mehrzahl der Bevölkerung auf dem Land. Die Bauern nahmen als nahezu Leibeigene des Adels in der sozialen Rangfolge den

untersten Platz ein. An der Spitze standen der alles bestimmende Landesfürst und der Adel. Zwischen diesen beiden extremen Polen war das Stadtbürgertum angesiedelt, welches sich in Adel, Beamte und Handwerker unterteilte.
Die Bauern mussten neben ihrer Eigenwirtschaft, von der sie Abgaben zu entrichten hatten, auch Frondienste leisten. Ihre Arbeitszeit orientierte sich am Tagesrhythmus. In den neu errichteten Manufakturen hingegen, war die Arbeit zeitlich geregelt und betrug durchschnittlich täglich 14 bis 17 Stunden. Kinder aus Waisenhäusern arbeiteten meist zehn Stunden. Zahlreiche Personen und neu gegründete Institutionen bemühten sich um Verbesserungen im landwirtschaftlichen Produktionsbereich. Landwirtschaftliche Gesellschaften sorgten für die Verbreitung von Kenntnissen neuer Produktionsmethoden, die in fortgeschritteneren Ländern bereits erprobt waren.

Die Entwicklung der Stadt Stuttgart: Die Mätresse, der Herzog und die Hohe Karlsschule

Um 1700 fanden 3000 Waldenser, die aus den Tälern Piemonts vertrieben worden waren, Zuflucht in Württemberg. Sie, die ihre eigene Kirchenorganisation bewahren durften, führten den Anbau von Kartoffeln und Luzerne im süddeutschen Raum ein.
Kurze Zeit nach seinem Regierungsantritt, etwa um 1700, verkündete Herzog Eberhard Ludwig die Absicht, durch eine Aufnahme von Straßburger Réfugiés (Hugenottenflüchtlinge) die Residenz Stuttgart stärker zu »peuplieren« (bevölkern). Künftig sollten auch keine einstöckigen Häuser mehr zugelassen werden und die vorhandenen müssten allmählich aufgestockt werden. Diese Anweisungen lösten bei den Stadtvätern Verärgerung aus und allen Ernstes machten sie Seine Durchlaucht darauf aufmerksam: »... dass weitere und höhere Häuser die Frischluftzufuhr verhindere und eine Zunahme von ansteckenden Krankheiten zu befürchten wäre. Stuttgart habe nun einmal für Handel und größere Gewerke eine völlig untaugliche Lage, deshalb ist auch eine stärkere Peuplierung unerwünscht! Zudem seien die Straßburger reformierten Glaubens, daher vertrügen sie sich schlecht mit Protestanten.«
1718 erlebte die Stadt in ihrer Entwicklung einen herben Rückschlag, da die Residenz nach Ludwigsburg verlegt wurde. Stuttgart verkam zu einem unbedeutenden Landstädtchen und verarmte. Die Stadt besaß keine Anziehungskraft mehr für Fremde und mit dem Abzug der Beamten, Lakaien, Offiziere und Soldaten fehlten die Armeelieferungen. Auslöser dieser Entwicklung war die junge

Am 22. April 1701 brachte der waldensische Kaufmann Anton Signoret 200 Kartoffeln verschiedener Sorten und Farben aus seiner Heimat nach Schönenberg und schenkte sie dem Pfarrer Heinrich Arnaud, der sie in seinen Garten pflanzte. Die erste deutsche Kartoffelernte schenkte er den Einwohnern und anderen Waldenser Gemeinden.

Die Hohe Karlsschule in Stuttgart hatte berühmte Schüler: Johann Heinrich Dannecker, Nikolaus Friedrich Thouret, Gottlieb Schlick und Friedrich Schiller.

Wilhelmine von Grävenitz, die Mätresse des Herzogs. Für die Grävenitz hatte der Herzog das Ludwigsburger Schloss erbaut, welches er für die »alleinige und beständige Residenz« erklärte. Johanna Elisabeth von Baden, die Gemahlin Eberhard Ludwigs versuchte mit allen Mitteln ihren Platz im Stuttgarter Schloss zu verteidigen. Doch erst im Jahr 1731, nach der Verjagung der Grävenitz, kehrte der Herzog zu seiner Frau zurück und das heruntergekommene Stuttgart konnte sich erholen. Eberhards Nachfolger Karl Alexander verlegte die Residenz wieder nach Stuttgart zurück, wo durch die Liebesaffäre eines Regenten große Opfer gebracht worden waren.

Herzog Karl Eugen (1737–1793) war es, der eine Verschönerung und Vergrößerung der Stadt anregte. 1744 erließ er Hausbesitzern den Beleuchtungsbeitrag und ordnete an, dass mit dem eingesparten Geld stattdessen die Häuser verblendet werden sollten. Bereits drei Jahre später hatte sich durch Reparaturen, Neubauten und Straßenausbesserungen das Erscheinungsbild der Stadt zum Positiven gewandelt. Im Jahr 1757 wurde die Nummerierung der Häuser eingeführt. Insgesamt wurden 1504 Gebäude registriert. Im Jahr 1789 zählte man 2072 Häu-

ser und knapp 20 000 Einwohner. In diesem Zeitraum mussten auf dem »Bollwerk«, welches als gesündeste Gegend der Stadt galt, die Gärten ansehnlichen Häusern Platz machen. Erst dem Einfluss der Hohen Karlsschule und ihres Schülers Thouret war es zu verdanken, dass Stuttgart eine Umgestaltung erfuhr.
Zahlreiche Besucher lobten die anmutige Lage Stuttgarts, andere wiederum, wie der Göttinger Professor Meiners, kritisierten sie heftig. Er sagte: »Bei der beklemmenden Lage ist alles Fahren, Gehen und Arbeiten an den Hängen erschwert. Stuttgart hätte besser an Cannstatts Stelle gelegen, oder wenn das Schloss auf einem der benachbarten Berge gebaut worden wäre«, doch räumt er ein, dass sich die Stadt seit seinem ersten Besuch stark verändert und vergrößert habe und zunehmender Wohlstand erkennbar sei.
In der unmittelbaren Umgebung von Schloss Solitude, wo Caspar Schiller – der Vater von Friedrich Schiller – eine große Baumschule anlegt hatte, entstand eine Gärtnerschule für Soldatenkinder. Im Zeitraum von 1777 bis 1788 verteilte Schiller rund 22 400 Bäume an Hohenheim oder andere Orte, weitere 30 000 verblieben in der Forstschule.
Herzog Karl Eugen regierte Württemberg rund 50 Jahre lang bis 1793, anfangs mit protzigen Hofjagden, Festen und falschen Hofchargen. Die Verschwendungen gingen auf Kosten seiner Landeskinder, denn die Schlösser, Hoffeste, Schauspieler, Sänger, Architekten und Mätressen mussten bezahlt werden. Das aufwändige Hofleben und die Repräsentationskosten verschlangen Unsummen: Dem Land kam sein Herzog sehr teuer zu stehen.
In älteren Jahren jedoch, machte Karl Eugen, zum Wohle seines geplagten Landes, Hohenheim zum Mittelpunkt seines Lebens. Ihm zur Seite stand seine viel geliebte Franziska, geborene Bernerdin, spätere Gräfin Leutrum. Am 10. Januar 1772 schenkte Karl Eugen Franziska das Schlossgut Hohenheim und ihr gemeinsames Leben spielte sich überwiegend in einer selbst geschaffenen Idylle ab. Nach vielen Schwierigkeiten konnte im Januar 1785, ein Tag nach Franziskas 37. Geburtstag, endlich die Trauung vollzogen werden, die aber erst im April 1791 mit einem päpstlichen Erlass offiziell anerkannt und Franziska somit rechtmäßige Herzogin von Württemberg wurde.

Schillers Flucht und Goethes Besuch

In Hohenheim entschied sich auch für den damaligen Regimentsmedikus Friedrich Schiller das weitere Leben. Im Sommer 1782 wurde er zu Herzog Karl

Eugen bestellt, der über seine literarische Betätigung aufgebracht war, insbesondere aber über die unerlaubte Reise vom 13. Januar des Jahres nach Mannheim zur Uraufführung der »Räuber«. Auf einem Pferd aus dem Marstall war Schiller nach Hohenheim gekommen, aufgrund seiner Äußerung, dass ihm die Dichtkunst alles bedeute, musste er zu Fuß nach Stuttgart zurückkehren, um dort 14 Tage Arrest anzutreten. Karl Eugen erließ gegen Schiller ein förmliches Schriftverbot, ausgenommen seien medizinische Abhandlungen. Nun reiften Schillers Fluchtpläne. Am 22. September fand auf der Solitude ein großes Fest mit Feuerwerk zu Ehren des russischen Thronfolgers Paul und seiner württembergischen Gemahlin, einer Nichte Karl Eugens, statt. Diese Nacht war wie geschaffen für seine Flucht ins Ausland, das heißt auf kurpfälzisches Gebiet, nach Mannheim.

Vom 29. August bis zum 7. September 1797 unterbrach der reiselustige Goethe in Stuttgart seine dritte Schweizer Reise. Einen Tag nach seinem 48. Geburtstag traf er in Stuttgart ein und stieg im »Römischen Kaiser« (heute Rothebühlplatz 1, Ecke Marienstraße) ab. Nach einer von Wanzen geplagten Nacht unternahm er einen Morgenspaziergang durch die rund 20 000 Einwohner zählende Stadt. Danach suchte er den von Schiller empfohlenen Kaufherren und Kunstfreund Gottlieb Heinrich Rapp auf, der ihm seine Gastfreundschaft anbot. Daraufhin zog Goethe in das Rapp'sche Haus (Stiftstraße 7), wo er »eine behagliche und heitere Existenz« vorfand. Man besuchte Rapps Schwager, den Professor Johann Heinrich Dannecker in seinem Studio im Schloss, mit dem Goethe später einen genussvollen Spaziergang über die Weinberge um Stuttgart unternahm. Am 1. September besuchte Goethe zusammen mit Dannecker Schloss Hohenheim, an welchem er keinen Gefallen fand »vor allem sei der Park mit kleineren und größeren, zum Aufenthalt unbrauchbaren Gebäuden übersät.« Drei Theateraufführungen, darunter auch Schillers »Don Carlos«, fanden bei Goethe eine vernichtende Kritik. Seinen Gastgebern und Kunstfreunden las er am 5. September aus seinem gerade vollendeten Versepos »Hermann und Dorothea« vor. Nach einem herzlichen Abschied setzte Goethe am 7. September seine Reise fort und fuhr in seiner Kutsche über Echterdingen, Waldenbuch und Dettenhausen nach Tübingen. Begeistert äußerte sich Goethe über die anmutigen Auen vor der Stadt und den Anblick des Tübingers Schlosses. Bei Cotta, mit dem er anderntags zusammen mit Plouquet und Schott zum Österberg wanderte, kehrte er ein. Er fand »die Aussicht sehr angenehm, indem man die Stadt vor sich hat und auf der Gegenseite des Neckartals die höheren Berge in einer ernsthaften Reihe nach der Donau zu sieht«, (womit die Schwäbische Alb gemeint ist).

»Kleine Eiszeit« – »Großer Winter«: Wetter und Leben von 1701 bis 1800

Starke Schwankungen bestimmten 1701 den Jahresgang der Temperaturen. Dem langen, kalten Winter folgte ein wechselhafter Frühling. Störungsfrei, sehr warm und trocken verliefen der Sommer und der Herbst. Bis auf das Obst gerieten die landwirtschaftlichen Erzeugnisse, wie Feldfrüchte und Wein, hervorragend.
Ähnlich zeigten sich die Jahrgänge 1702 bis 1706. Am 12. Juli 1702 allerdings, führte ein Wolkenbruch zu einer ähnlich verheerenden Überschwemmung wie die des Jahres 1652.

Aufgrund der häufig zu sauren Weine, entwickelte der Küfer Hans Jakob Erni aus Esslingen im Jahr 1706 eine »vorzügliche Weinschöne«, die auch in Stuttgart viele Abnehmer fand. Es stellte sich aber bald heraus, dass dieses Mittel aus sehr schädlichen Stoffen zusammengesetzt war. Mehrere Menschen erstickten in den Kellern, in denen der damit behandelte Wein gelagert wurde, andere vergifteten sich beim Genuss des Rebensaftes. Hans Jakob Erni wurde daraufhin enthauptet und der geschönte Wein wurde vernichtet.

Im Jahr 1707 herrschten günstige Witterungsbedingungen, die allgemeine Lage jedoch, war aufgrund politischer Unruhen alles andere als zufriedenstellend.

Vom 13. Juni bis zum 2. November wurde die Stadt von Franzosen besetzt. Das Heer lagerte auf den Wiesen zwischen Cannstatt und Stuttgart. Zwar blieb die Stadt von Plünderungen verschont, doch musste sie beträchtliche Geldsummen an die Generäle und Offiziere zahlen.

Spätfröste schadeten im Frühjahr 1708 den Reben, trotz geringer Erträge war die Qualität jedoch gut. Auch konnte eine reiche Getreideernte eingebracht werden. Am 6. Januar 1709 begann einer der »Großen Winter«. Anhaltende eisige Temperaturen ließen Mensch und Tier erfrieren. In diesem Winter fror sogar die Adria fast vollständig zu. Das Tauwetter im Frühling führte zu starken Überschwemmungen. Im Juni und September vernichtete Hagel die wenigen über den Winter gekommenen Reben. Ein Wolkenbruch im Juni ließ den Nesenbach über seine Ufer treten, ein Kind ertrank in den Fluten. Aufgrund der spärlichen Leseergebnisse wurde der Zehnte unter den Toren eingezogen.

Die eisige Winterkälte schwächte sich von 1710 bis 1713 ab. Die Ernten fielen gut aus, die des Jahres 1713 sogar hervorragend.

1712 setzten die Damen Stuttgarts den Hut auf und sich selbst ins neu eröffnete Kaffeehaus »König von England«.
1713 wurde im Wirtshaus »Sieh dich für« am Fuß der Weinsteige eine Quarantänestation eingerichtet, da von Osten die Pest nahte. Erneut wurden die Bürger in einem Aufruf zur Beseitigung des Unrats in den Straßen und Winkeln aufgefordert.
»Ungebührliches Reden über den Regenten« wurde untersagt.

Nach dem unfruchtbaren Jahr 1714 konnten ein Jahr später aufgrund guter Witterungsbedingungen beste Ergebnisse beim Getreide und beim Wein erzielt werden. Im folgenden Jahr jedoch wandelte sich das Blatt: ein strenger Winter und kühl-nasser Sommer ließen die Ernte mager ausfallen.

Am 21. Juli brannten 45 Häuser und Scheunen ab. Windstille verhütete eine weitere Verbreitung des Feuers, das vom Haus des Handelsmannes Samuel Schöpf ausgegangen war.

Auch 1717 mussten aufgrund der wechselhaften Witterung sehr unterschiedliche Erträge verzeichnet werden.

Im gleichen Jahr kam es aus religiösen Gründen zu einer Auswanderungswelle. Einige christliche Religionsgruppen, die von der offiziell anerkannten Glaubensrichtung abwichen, flohen vor den Verfolgungen, denen sie von Seiten des Klerus und der Obrigkeit ausgesetzt waren.

Auf den sehr kalten Winter 1718 folgte ein extrem frühes Jahr. Unter subtropischen Temperaturen herrschte in Europa Trockenheit. Die Rebsorte »Gutedel« reifte schon am 24. Juli, Anfang Oktober beendeten die Keltern ihre Arbeit. Der in großen Mengen gewonnene Wein war von hervorragender Qualität.
Auch das folgende Jahr verlief unter ähnlichen Witterungsverhältnissen. Reichlich Getreide und Obst konnte geerntet werden, doch verdorrten unter der Hitze Wiesen und Weiden, so dass die Heuernte ausfallen musste.

Am 22. Februar wurde eine große Feuerkugel gesichtet.

In den Jahren 1720 und 1721 fügte die schlechte Witterung den Feldfrüchten und dem Wein erheblichen Schaden zu.

Im Februar und März des Jahres 1721 beobachtete man mehrere Nordlichter, Mitte Dezember zeigte sich ein Meteor mit »Blutregen«.

Die Witterung begünstigte 1722 bis 1724 eine allgemein gute Entwicklung der Vegetation. Am 15. August des Jahres 1724 schadete jedoch starker Hagel kurz vor der Ernte dem Getreide. Die Weinlese wurde von diesem Ereignis erstaunlicherweise nicht beeinträchtigt.
Im Sommer des Jahres 1725 führten anhaltende Niederschläge zur Abhaltung öffentlicher Gebete, die aber keine Wetterbesserung herbeiführten. Im folgenden Jahr verschlechterte sich die Lage weiter. Auf einen langen und kalten Winter, folgte ein viel zu trockener Sommer. Als es am 25. Juli zu einem verheerenden Hagelschlag kam, entstand ein Engpass bei der Nahrungsmittelversorgung.
Die Sprunghaftigkeit des Klimas während der »Kleinen Eiszeit« wird bei der Betrachtung der folgenden Jahre deutlich.
Von 1727 bis 1731 sorgte ausgeglichenere Witterung bei Landwirten und Winzern für überwiegende Zufriedenheit.

Am Nachmittag des 5. August 1728 trat jedoch ein starkes Erdbeben auf. Die Nachbeben dauerten bis zum nächsten Morgen an. Es wurde berichtet, dass sich in einigen Gegenden die Höhen so sehr gesenkt hätten, dass Kirchtürme an Orten sichtbar wurden, an denen man sie früher nicht hätte erblicken können. Am 6. Mai 1735 kam es erneut zu einem Beben.

Im Jahr 1732 verliefen der Winter mild und der warme Sommer gewitterreich. Am Obst, Getreide und an den Reben entstanden große Schäden. Am 12. Oktober trat Frost auf »ehe die Trauben gehörig reif waren«, der wenige Wein wurde sauer.

Zum Jahresende, als große Kälte herrschte, breitete sich die Influenza aus.

Von 1733 bis 1739 zeigte sich die Witterung überwiegend von ihrer positiven Seite und meist konnte man mit den Ernte- und Leseergebnissen sehr zufrieden sein. Gerühmt wurde der Wein des Jahres 1738, der von so herausragender Qualität war, dass er auch noch vierzig Jahre später Erwähnung fand. Ein Berichterstatter des »Schwäbischen Magazins« äußerte den Vorschlag: »... es soll in großen Weinkellern noch einiger Vorrat des Jahrgangs 1738 lagern, man möge diese Rarität nutzen, um damit andere Weine zu verbessern.«

Der 1597 auf der Wolframshalde errichtete, zehn Meter hohe, eiserne Galgen wurde im Jahr 1738 zum Schauplatz der Hinrichtung von Joseph Süß Oppenheimer. Als Erster in einer langen Reihe war hier der »falsche Goldmacher« Georg Honauer gehängt worden. Er hatte vorgegeben, aus Eisen Gold machen zu können.

Joseph Süß Oppenheimer, Schatullenverwalter des Herzogs Karl Alexander und Verwandter des Finanzkönigs Samuel Oppenheimer, schuf mit weitreichenden Reformen die Voraussetzungen für den wirtschaftlichen Aufstieg Württembergs. Unter fürstliches Monopol kamen Pfeffer-, Salz-, Wein- und Tabakhandel, wodurch der Staatskasse beträchtliche Gelder zuflossen. Er gründete eine Porzellanmanufaktur in Ludwigsburg, eine Seidenmanufaktur in Stuttgart und legte den Grundstein zur ersten Bank Süddeutschlands.

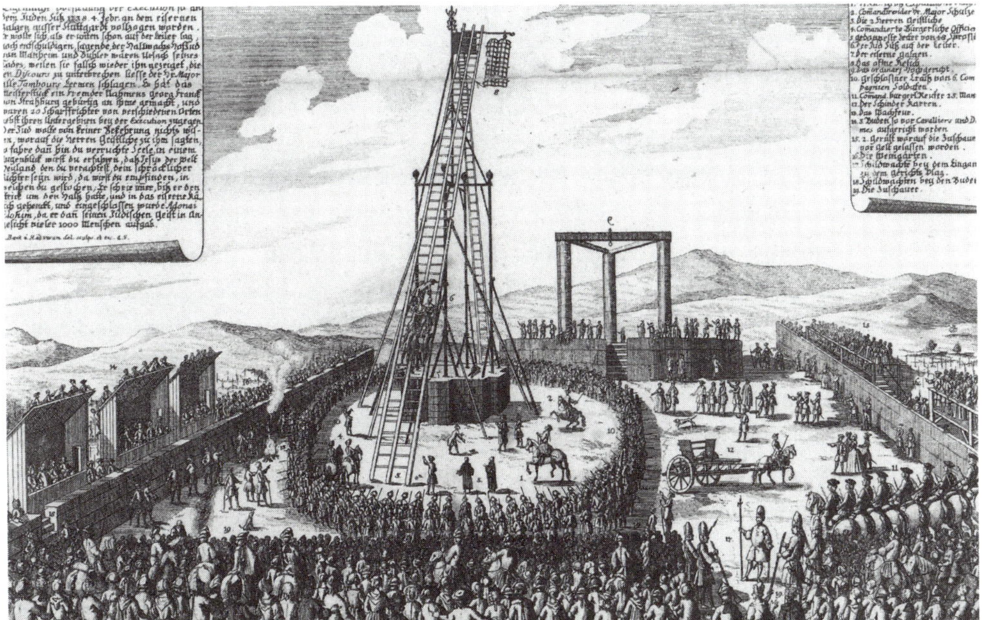

Darstellung der Hinrichtung Joseph Süß Oppenheimers

Mit diesen modernen, aber unpopulären Maßnahmen geriet Süß Oppenheimer zur Zielscheibe einer veralteten Ständeordnung. Die gegen ihn gerichtete Anschuldigung, nicht vollgewichtige Münzen prägen zu lassen, erwies sich als haltlos. Auch dass er jüdischen Kaufleuten den Zutritt nach Württemberg erleichterte, war nicht ohne Einverständnis Karl Alexanders erfolgt. Es blieben lediglich sein luxuriöser Lebenswandel und die Liebschaften mit Hofdamen.
Erst als sein Auftraggeber und Gönner, der Herzog, gestorben war, wagte man, ihn zu verhaften und in den Kerker zu werfen. Auf die Folterbank gespannt wurde er so lange gepeinigt, bis er gestand schuldig zu sein.
Am 30. Januar 1738 wurde Oppenheimer unter starker Bewachung in einer offenen Chaise von Asperg nach Stuttgart gefahren, doch nicht wie er hoffte in seine Wohnung, sondern ins Herrenhaus am Markt, um hier das Urteil zu erwarten. Der damalige Herzog-Administrator Karl Rudolf musste das Todesurteil nach einem fragwürdigen Verfahren unterschreiben und soll dabei geäußert haben: »... das ist auch ein seltenes Ereignis, dass ein Jud für Christenschelmen die Zeche bezahlt.« Der Hof und viele Andere wurden mit seinem Tod auf einem Schlag alle Schulden los. Am 4. Februar fuhr man ihn zur Richtstätte, wo eine große Zuschauermenge den Platz säumte. Drei Tribünen waren für Angehörige höherer Ränge errichtet worden. Fünf Kompanien bildeten einen dreifachen Kreis um den Galgen, die hintere Reihe richtete die Bajonette gegen die Zuschauer. Unter Trommelwirbel musste Süß die Leiter erklimmen, wobei er die Perücke verlor. Der »Nachrichter« brachte ihn in den eigens für ihn angebrachten eisernen Käfig und legte ihm den Strick um den Hals. Nach seinem Tod verblieb sein Leichnam einige Zeit am Galgen und wurde zur Schau gestellt. In der Folgezeit wurden alle Juden, die sich inzwischen in Stuttgart angesiedelt hatten, aus der Stadt vertrieben.

Im sehr heißen Sommer 1739 führten schwere Unwetter Ende Juli zu einer großen Überschwemmung. Da die Reben hiervon nicht in Mitleidenschaft gezogen worden waren, gab es dennoch einen sehr guten Wein.
Der eisige Winter des folgenden Jahres glich demjenigen von 1709 und das sich anschließende Frühjahr wurde zu einem der kältesten. Die Schneedecke hielt sich ab einer Höhe von rund 900 m ü. NN bis in den Juni hinein. Das Getreide erfror und die Keltern konnten nicht arbeiten, da aus den wenigen Trauben Essig hergestellt wurde.
Während der folgenden zehn Jahre waren die Winter sehr kalt. Jedoch sorgten die warmen Sommermonate in diesen Jahren für gute Ernte- und Leseergebnisse, nur 1746 missriet das Getreide, dafür aber gab es viel und guten Wein von dem man sagte: »... der neue Wein lief wie Öl vom Biet und war wie alter Wein zu trinken.«
Von 1751 bis 1760 wechselten sich milde mit schneereichen und kalten Wintern ab. Ebenso verhielt es sich mit den Sommermonaten, die nur in den Jahren 1752,

1753 und vor allem 1760 zu guten bis vortrefflichen Weinlesen verhalfen. 1754 und 1760 konnten auch gute Getreideernten eingebracht werden.

Im März 1756 wurde in Stuttgart als Reaktion auf das verheerende Erdbeben von Lissabon ein großer Buß- und Bettag abgehalten.
Am 25. Dezember des Jahres 1758 erschien der von Edmund Halley (1656–1742) angekündigte Komet. Ein Jahr später, am 10. November 1759, wurde Friedrich Schiller in Marbach am Neckar geboren.

Spätfröste vernichteten am 30. April 1761 ein Viertel der Reben, doch der sonnig-warme Sommer rettete die verbliebenen, so dass, wenn auch nur in geringer Menge, ein guter Wein das Ergebnis war.

In der Nacht vom 2. auf den 3. August des Jahres 1761 wütete ein vernichtendes Feuer in Stuttgart. Der Metzger Friedrich Reuß hatte im betrunkenen Zustand seine Frau misshandelt, die jedoch flüchten konnte. Wütend zündete er daraufhin auf der Bühne einen Haufen Heu an. Bald stand sein Haus in der Hirschgasse, der heutigen Wilhelmstraße, in Flammen, und Nachbarn versuchten vergeblich das Feuer zu löschen. Innerhalb von sechs Stunden brannten 41 Gebäude nieder, darunter ein Schulhaus und das Stadtmagazin. 123 Familien erlitten schwere Verluste, doch wundersamerweise kam niemand bei der Katastrophe ums Leben. Eine Frau, die während des Brandes gestohlen hatte, wurde an der »Geige« durch die Straßen geführt und zu vier Jahren Zuchthaus verurteilt. Den Verursacher des Brandes sperrte man in den Kerker, wo er sich die Kehle durchschnitt und verblutete. Sein Leichnam wurde auf eine Kuhhaut gelegt, mit abwärts gerichtetem Kopf über die Brandstätte geschleift und unter dem Galgen begraben.
Eine in den Kirchen des ganzen Landes durchgeführte Kollekte erbrachte eine große Summe an Geld, so dass die größte Not gelindert werden konnte. Hilfskräfte nahmen Wege von über zehn Stunden auf sich, um beim Wiederaufbau zu helfen, und auch die Städte Esslingen und Reutlingen schickten Handwerker.

Nach anhaltender Hitze und Trockenheit entstand im Jahr 1762 Wassermangel.

Im November brannte der rechte Flügel des Neuen Schlosses nieder.

Im strengen, schneefreien Winter des Jahres 1762/63 herrschte eine so immense Kälte, dass der Boden bis in große Tiefen gefror und sogar der Bodensee von

einer kompletten Eisdecke überzogen war. Im anschließenden wechselhaften Sommer verhinderten Hagelschläge eine gute Entwicklung der Feldfrüchte und des Weines.
Das Schwarzwild richtete 1764 auf den Feldern, in Gärten und Weinlagen große Verwüstungen an. Und auch ein Jahr später fielen die Erträge nur gering aus. Dieses Mal lag die Ursache bei der nasskalten Witterung.
Im Jahr 1766 führte eine fünfmonatige Trockenperiode zum Stillstand der Mühlen. Bei der Weinlese erzielte man jedoch einen hohen Ertrag von bester Qualität. Mit diesem Jahr bahnte sich – nach den bisher schon unbefriedigenden Ernten – witterungsbedingt eine zunehmende Verschlechterung der Versorgung für die Menschen an. Von 1767 bis 1770 häuften sich die Missernten und man verlor den Glauben an sonnige Sommer. Es kam zu keiner Entwicklung und Reife sowohl beim Getreide als auch beim Obst. Die Vegetation litt unter nasskalter und stürmischer Witterung, die im Jahr 1770 nach sommerlichen Wolkenbrüchen in Überschwemmungen gipfelte.
Die seit 1767 auftretenden Ernteausfälle führten zu erheblichen Preissteigerungen. Die Ausfuhr der geringen Vorräte wurde strengstens untersagt und erst im Dezember 1771 wieder erlaubt. Erst als die Bäcker das Backen einstellten, da es ihnen an Mehl mangelte, befahl eine Fruchtdeputation, Getreide und andere Lebensmittel einzuführen. In der Folge mussten die Läden bewacht werden, damit sie nicht von den hungernden Menschen gestürmt wurden. Ein Zeitzeuge berichtete: »Die Bauern fahren heimlich bei Nacht ihr Getreide ins Ausland, weil sie dort höhere Gewinne machten.« Der Hunger trieb die Menschen sogar soweit, dass sie sich das Aas vom Schindanger holten. Da in den Nachbarstaaten die Ausfuhr verboten worden war, kaufte man in den Niederlanden Getreide. Nach Beendigung der Notzeit stellte sich heraus, dass in Württemberg ausreichende Getreidevorräte vorhanden gewesen waren und dass es nicht nötig gewesen wäre, so viel Geld für die Einfuhr aus dem Ausland zu verschleudern.
Erst Ende des Jahres 1771 verbesserte sich die Lage, nachdem die Ernte recht ergiebig ausgefallen war. Die Preise entspannten sich und das importierte Getreide wurde mit zum Teil großem Verlust nach Bayern verkauft. Nach der großen Hungersnot wurde die bislang verachtete Kartoffel verstärkt angebaut, da der Ertrag pro Hektar gegenüber dem des Getreides dreimal so hoch war. Damit wurde die Ernährung der Bevölkerung auf eine sicherere Grundlage gestellt.
Dem kalten Winter 1772 folgte ein heißer Sommer. Die Ernteergebnisse lagen ein Drittel unter der Norm, allerdings bei sehr guter Qualität. Reichlich wurde der von der Sonne verwöhnte Wein gelesen.

Ab September wurde Chaussee-Geld erhoben.

Im Jahr 1773 trat wiederum eine Hitzewelle auf. Taubeneigroße Hagelkörner zerschlugen am 16. Juni Fensterscheiben und minderten den Weinertrag. Die Getreideernte fiel jedoch sehr gut aus.

Von 1774 bis 1784 herrschten überwiegend strenge Winter. Am 10. September 1774 trat laut den Überlieferungen ein Erdbeben auf. Ein Sturm am 4. und 5. Februar 1775 richtete große Schäden an. Im darauf folgenden Jahr ließ anhaltende Kälte den Bodensee komplett zufrieren. 1784 bildete sich eine so mächtige Schneedecke aus, dass ein Durchkommen nicht mehr möglich war. Am 23. Februar tauten die gewaltigen Schneemassen und erhebliche Überschwemmungen waren die Folge. Die Flüsse führten riesige Eisschollen. Im Frühling trat erneut empfindliche Kälte auf. Die Sommer dieser Jahrgänge waren, bis auf das Jahr 1776, sehr warm bis heiß mit guten Ernteergebnissen.

Nach einem Gewitter während der Weinlese floss am 16. Oktober 1777 Kaltluft ein, was zum Einfrieren der Wasserleitungen und Pferdeschwemmen führte. Die Weingärtner jammerten »einen so schönen Herbstsegen vernichtet zu sehen.« Die zum Zeitpunkt der Lese gefrorenen Trauben wurden nachmittags bei Sonnenschein mit Mühe getreten. Das Erzeugnis war hervorragend: Es gab also im Oktober bereits Eiswein.

Vom 19. Juni bis zum 1. Juli 1783 wurde bei schwüler Hitze »ein starker, weitverbreiteter Höhenrauch« beobachtet, der die Sonne feurig leuchteten ließ.

Ein heftiger Ausbruch des Vulkans Laki auf Island führte im Jahr 1783 auf dem Kontinent zu einem spürbaren Temperaturrückgang von rund 1 °C.

Der Winter des folgenden Jahres zeichnete sich als einer der längsten in unseren Breiten ab. Der März 1785 glich einem hochwinterlichen Januar und die klirrende Kälte, verbunden mit starken Schneefällen, hielt bis in den April hinein an. Wochenlang strömten die arktischen Luftmassen, die eine sibirische Kälte mit sich brachten, gen Süden. Zahllose Schneegänse trafen ein und im Oberland wurden gar zwei Wölfe geschossen. Ein nasskalter Sommer schloss sich an, die magere Ernte begann erst im September und die Lese fiel nahezu komplett aus. Auch die Winter 1786 bis 1787 waren empfindlich kalt, jedoch nicht von so langer Dauer wie der des vorangegangenen Jahres.

Am 27. Juni 1786 führte ein Wolkenbruch zu einer großen Überschwemmung im Heslacher Tal. Ein Jahr später wurde dieser Ort erneut zum Schauplatz einer Naturkatastrophe: Am 21. Juni 1787 trat ein Wirbelsturm auf, der von Heslach über den Bopser nach Hedelfingen zog. Mit starkem Brausen und dichtem Nebel verheerte der Sturm seinen Weg: Menschen wurden zu Boden geworfen, Bäume entwurzelt. Gut zwei Monate später, am 26. August, wurde ein Erdbeben verzeichnet.

Im folgenden Jahr herrschten vom Jahresbeginn bis in den Herbst hinein übernormal warme Temperaturen, was einen so positiven Einfluss auf die Pflanzenentwicklung hatte, dass schließlich alles im Überfluss geerntet werden konnte. Endlich sanken die Preise. Die warme Witterung währte bis Martini. Einem an diesem Tag, dem 11. November, niedergehenden Gewitter, folgte unter Nordostwinden starke Kälte. Die Holzpreise kletterten in die Höhe und der Magistrat ließ Holz an die Armen verteilen.

Die ungünstige Witterung setzte sich auch im Jahr 1789 fort. Auf sehr kalte Wintermonate, folgte ein wechselhafter und frostiger Frühling. Nach einem dreitägigen Starkregen im gewittrigen Sommer, trat der Nesenbach über die Ufer und richtete viel Schaden an. Die Ernte missriet und erst im September wurde es sonnig, was dem wenigen Wein zu einer trinkbaren Qualität verhalf. Ende des Jahres stiegen die Preise erneut an und jegliche Ausfuhr wurde verboten. Nur der Preis des Brotes sollte »normal« bleiben »... dass der Geist des Aufruhrs – wie in Frankreich und anderen Ländern – nicht auf Stuttgart übergreift.« Die Bäcker aber weigerten sich, zu solch geringem Preis zu backen, bis schließlich der Herzog, die Rentkammer und der Kirchenrat einige tausend Scheffel Getreide aus ihren Vorräten zur Verfügung stellten.

Das Wechselspiel der Witterung ließ im folgenden Jahr die Temperaturen überaus mild ausfallen, so dass bereits im Januar die Baumblüte einsetzte. Nach »den schändlichen Wucherpreisen« der Vorjahre sanken aufgrund der günstigen klimatischen Verhältnisse die Holzpreise.

Die sich bis 1794 allmählich durchsetzende Erwärmung förderte eine allgemein positive Vegetationsentwicklung und führte so zu guten Ernte- und Leseergebnissen.

Im Jahr 1795 kam es jedoch zu einer Klimaverschlechterung. Starke Winterkälte, gefolgt von einem zu nassen Sommer, bedingte ein schlechtes Ausfallen der Ernte und somit eine Teuerung.

Im guten Jahr 1796, als lediglich im April aufgrund von Spätfrösten das »Räuchern der Weinlagen« empfohlen wurde, geriet nach einem trocken-warmen

Sommer alles zur Zufriedenheit. Vom 18. Juli bis in den September hinein, wurde die Stadt jedoch von den Franzosen besetzt.

In diesem Jahr starben im Verlauf einer Pockenepidemie 268 Menschen.

Im steten Rhythmus der sich wechselnden Witterung folgten 1797 wieder negative und anhaltend unternormale Temperaturen, wovon auch die Eisdecke auf dem Bodensee zeugte. Infolge der regnerischen Frühjahrs- und Sommermonate, fielen die Ernte und die Lese schlecht aus. Im Juni kam es sogar zu einer Überschwemmung.
Die Schwankungen des Witterungsverlaufs hielten während der letzten Jahre dieses Jahrhunderts an.
Das Jahr 1798 war mild und fruchtbar, das darauf folgende Jahr zeigte sich kalt und nass mit nur mäßigem Ertrag. 1800 schloss sich einem kalten Winter ein heißer Sommer an und die Produktionsergebnisse waren zufriedenstellend.

Am 6. September 1799 wurde laut Erlass die Anzahl der Feiertage auf die Hälfte reduziert.

19. Jahrhundert

Von der Residenz- zur Königsstadt

Nach seiner Rückkehr aus dem Orient begann General Napoleon, da man es während seiner Abwesenheit unterlassen hatte, die verlorenen Länder zurückzuerobern und somit das alte Reichsgebiet wiederherzustellen, mit Rückeroberungsschlachten, die in Deutschland ganze Landstriche verwüsteten. Die Aufhebung der deutschen Verfassung und die Absetzung des Kaisers stellten einen Frieden im Sinne Napoleons dar. Das Volk der Franzosen war begeistert. Am 18. Mai 1804 wurde General Napoleon zum Kaiser der Franzosen ausgerufen und am 2. Dezember, mit dem Zepter Karls des Großen in der Hand, vom Papst gesalbt. Die deutschen Fürsten fieberten Napoleon entgegen, er dankte es ihnen fürstlich: Die Hessen und Badener wurden zu Großherzögen ernannt. Insgesamt 16 deutsche Fürsten sagten sich vom Reich los und begaben sich als »Rheinbund« unter französisches Protektorat. Zu den abtrünnigen Fürstenhäusern gehörte auch Württemberg, welches am 1. Januar 1806 gekrönt wurde. Dieser Tag wurde zum Andenken an die Annahme der Königswürde zum Feiertag erhoben. Nachdem Kurfürst Friedrich durch Napoleons Gnaden die Königswürde erlangt hatte, steigerte sich umgehend die Bautätigkeit. Aus der alten herzoglichen Residenz sollte eine Königsstadt werden, um somit einen glanzvollen, würdigen Mittelpunkt des Reiches zu bilden. Bis zum Jahr 1814 verdoppelte sich die Größe der Stadt. Der König beschloss, das Ludwigsburger Tor zu versetzen und die Königsstraße in gerader Linie bis zum neu zu errichtenden Königstor fortzuführen. Im Jahr 1807 begann man an der Stelle des heutigen Bahnhofs mit den Arbeiten. Allen Bauwilligen wurde eine fünfundzwanzigjährige Steuerfreiheit zugesichert. Der Steinbruch auf dem Esslinger Berg konnte unentgeltlich genutzt werden, ebenso der Holzeinschlag in den Stadtwaldungen. Laut einem Beschluss aus dem Jahr 1806 sollten diejenigen, die bereit waren zu bauen, nach einer Meldung beim Stadtoberamt das Bürgerrecht erhalten. Für Jahrzehnte setzte daher eine unglaubliche Bautätigkeit ein.

Im Jahr 1808 rief Napoleon in Erfurt einen Fürstenkongress ein, an dem auch König Friedrich teilnahm. Eine eindruckvolle Beschreibung dieses Ereignisses geht aus einem Brief von Karoline Sartorius hervor, die auf Empfehlung Goethes nach Erfurt reiste. Ihre lebhaften Schilderungen vermitteln informativ und für uns

teilweise vergnüglich einen Eindruck der einzelnen Personen, des damaligen Lebens und festlichen Aufwandes:
»Die Pracht und Herrlichkeit, Equipagen, Uniformen, Ordensbänder, Livrees waren augenblendend. Die Könige zeigten sich zuweilen dem Volk an den Fenstern ihrer Herbergen, der König von Württemberg saß ausdauernd am Fenster, Napoleon sah man nie. Zu ihm ritten Alexander und Konstantin.« Zum Einzug der Gäste abends in das Theater: »Der König von Sachsen sieht gar schlecht aus in der steifen weißen Uniform mit aufgewichster Frisur, dem die Rockschöße nachgetragen werden.« Der Württemberger: »Die Uniform muss auf dem schmalen Stuhl hin und her balancieren, um das Gleichgewicht zu halten und das böse Publikum erhebt ob des Schmerbauchs ein lautes verhöhnendes Gelächter.«
»Der Bayernkönig tritt auf mit heiterem, echt deutschem Gesichtsausdruck und einem preußischen Anstand. Alle anderen kommen schnell hintereinander, dann erscheinen beide Kaiser zugleich. Alexander groß und hübsch ging voran, Napoleon dicht hinterher, beide Kaiser waren äußerst einfach gekleidet. Alexander in schlicht dunkelgrüner Uniform mit silbernen Achselbändern. Napoleon in dunkelgrüner Uniform mit roten Auflagen, goldenen Oberstachselstücken, weiße Hosen, seidene Strümpfe und rauhen dreieckigen Hut mit einer Kokarde. Er hat einen besonders zierlichen Fuß und eine schöne Hand. Sein Äußeres flößt keine Ehrfurcht ein, aber es ist Anmut und ruhiger Anstand darin. Der Kopf steckt in den Schultern, es ist kein rechtes Verhältnis im Ganzen. Sein Rumpf ist im Vergleich zum Unterteil viel zu stark, einen Bauch hat er nicht. Die Haare sind schwarz, die Gesichtsfarbe italienisch, die Augen sind tief liegend und das Kinn hervorstehend. Sobald er sich setzte begann die Musik, er verwandte keinen Blick von der Bühne. Nach Beendigung der Aufführung stand Napoleon zuerst auf und gab Alexander den Pas (Vortritt) und alle folgten nach ihrer Reihe.«

Im Oktober 1813, sagte sich Friedrich I. nach der Völkerschlacht bei Leipzig von Napoleon los und schloss sich 1815 dem Deutschen Bund an. Unter König Wilhelm I. (1816–1864) trat im Jahr 1819 die Verfassung in Kraft. Ein Aufschwung führte zu einer raschen Zunahme der Einwohnerzahl, so dass im Jahr 1852 bereits 50 000 Einwohner gezählt wurden. Zahlreiche Neubauten entstanden, die Stadtmauern wurden größtenteils abgerissen und die Gräben verfüllt. 1825 bis 1829 wurde in den unteren Anlagen das Schloss Rosenstein und unweit davon die Wilhelma erbaut.

Das Schillerfest am 8. Mai 1839

Dem großen Friedrich Schiller (10.11.1759–8.5.1805), Stuttgarts »verlorenen Sohn«, wurde vom Stuttgarter Liederkranz ein würdiges Denkmal gesetzt. Der berühmte Bildhauer Thorwaldsen fertigte unentgeltlich einen Entwurf für das Standbild an, welches unter der Leitung des Meisters für Erzguss, Stiglmaier, gegossen wurde. Das verwendete Metall stammte von türkischen Kanonen, die 1827 in der Seeschlacht bei Navarino (Seesieg der englischen, russischen und französischen Flotte über die türkische Flotte) versunken und später aus dem Meer geborgen worden waren. In den Grundstein wurden die Entstehungsurkunde, das Schilleralbum, eine Ausgabe Schillers Werke sowie Münzen, Wein und Getreide gelegt. Aus Petersburg traf die Granitplatte mit einer in vergoldetes Silber gravierten Inschrift ein.

Das fertige Standbild wurde im Rahmen eines großen Einweihungsfestes am 8. Mai 1839 feierlich enthüllt. Dem Denkmal gegenüber war eine Tribüne errichtet worden, auf der Schillers Familie, ehemalige Zöglinge der Akademie, das diplomatische Korps sowie Gäste aus den entferntesten Gegenden Europas Platz genommen hatten. Die Sonne strahlte vom wolkenlosen Himmel, als sich der Festzug, die Liederkränze und die wogenden Menschenmassen durch die Stadt bewegten. Den großen Einweihungszeremonien schloss sich ein Festmahl an. In allen Gasthöfen und öffentlichen Gärten erscholl Jubel und Gesang. Mit Einbruch der Nacht wurden mehrere Gebäude erleuchtet und das Standbild Schillers glänzte im Widerschein bengalischen Feuers.

Nikolaus Lenau und die »Ausdünstung des Teufels«: Bereits 1844 Smog in Stuttgart?

Dass die Luft in Stuttgart gewöhnungsbedürftig gewesen sein muss, geht aus einem Brief von Nikolaus Lenau an Sophie Löwenthal aus dem Jahr 1844 hervor:

Liebe Sophie!

»Beständiges Unwohlsein, Kopfschmerz, Schlaflosigkeit, Mattigkeit, schlechte Verdauung, Druckfehler und Ärger über den trägen Fortschlich meiner Geschäfte – das waren die Freuden meiner letzten Woche. Emilie will es nicht gelten lassen, dass die Stuttgarter Luft nichts als die Ausdünstung des Teufels sei, doch mir ist es zu auffallend, dass ich in Heidelberg frisch und gesund war und nun, kaum wieder nach

Blick von der Olgastraße in die alte Rosenstraße. Im Hintergrund ist der Wagen der Pferde-Eisenbahn zu sehen, der durch die Esslinger Straße fährt. Bemerkenswert sind die Schilder der vielen Handwerker.

Stuttgart gekommen, bresthaft und elend sein muss. Verdammtes Kloakental! Die Luft ist zwischen diesen fleißigen und abgeschwitzten Weinbergen so dumpf und matt, so verbraucht und beschmutzt, als wäre sie durch meilenlange Windungen von Eingeweiden hindurchgegangen, ehe man sie in Nase und Lunge bekommt. O meine Nerven! Mein unglückseliges Sonnengeflecht! Ich schnappe nach Gebirgsluft wie ein Spatz unter der Luftpumpe. Wer mit Gemsen eine Luft getrunken, atmet nicht behaglich mit den Unken. In vielen der hiesigen Straßen riecht es am Ende auch lenzhaft, nämlich pestilenzhaft. Und die guten Stuttgarter merken das gar nicht! Süß duftet die Heimat. Nur über ihre Gärten klagen sie, dass sich darin das Ungeziefer immens vermehre. Ich glaube aber, dass in ihren Häusern dasselbe zu beklagen wäre, wenn das viele und fanatische Fegen und Scheuern nicht entgegenarbeitete ... Adieu liebe Sophie! Ich bin in einer abscheulichen Laune.«

Diese abscheuliche Laune teilten früher und teilen noch heute die Einwohner Stuttgarts mit Nikolaus Lenau, vor allem bei Wetterlagen mit mangelndem Luftaustausch unter Inversionen, die praktisch wie ein Deckel über dem Talkessel liegen.
Darunter entfalteten sich einst die Gerüche der Misthaufen vor den Häusern, die der freilaufenden Schweine, der Abtritte sowie der aus dem Fenster entleerten Nachttöpfe. Hinzu kam, dass der Nesenbach, in den Honigwiesen Vaihingens entspringend und anfangs klares Trinkwasser liefernd, zu einer stinkenden Kloake verkommen war, denn Unrat, die Kübel und auch Abfälle aus dem von 1585 bis 1866 in der Rosenstraße gelegenen Schlachthaus wurden in ihm entsorgt. Der Rauch von den Schmieden, der Gestank von den Seifensiedern und Gerbern sowie das Heizen mit Holz taten ein Übriges.
Im Verlauf des 20. Jahrhunderts hatte sich das Ballungsgebiet des Stuttgarter Raums zur dichtesten Ansiedlung Baden-Württembergs entwickelt, was gleichzeitig eine starke Pendlerbewegung in Gang setzte. Knapp eine Million LKWs und PKWs fahren heutzutage werktags nach, von und in Stuttgart und verursachen auf diese Weise eine starke Verunreinigung der Luft.

Menschenaufläufe, Eisenbahnen und Auswanderungswellen: Der Fortschritt hält Einzug

Im Oktober 1845 fuhr die erste württembergische Eisenbahn von Cannstatt nach Esslingen und ein Jahr später bereits, nach Fertigstellung des ersten Bahnhofs, bis Ludwigsburg. Am Schlossplatz entstanden der Königsbau, das Kronprinzen-Palais und die klassizistischen Bauten des Staatsarchivs und des Museums für bildende Künste.

Doch im Jahr 1847 griffen die Auswirkungen der Teuerung auf Stuttgart über. Die hohen Preise hatten bereits in vielen Gegenden Deutschlands zu Aufständen geführt. Die Unruhen brachen am 1. Mai 1847 auf dem Münsterplatz in Ulm aus. Nach Beruhigung der aufgebrachten Menschenmenge, kam es im Kornhaus zu einer Erhöhung der Fruchtpreise. Die erbitterten Menschen demolierten die Fenster, raubten das vorrätige Mehl sowie Bargeld. Erst dem Militär gelang es die Massen zu zerstreuen. In Stuttgart kam es zwei Tage später in der Hauptstätter Straße zu einem Menschenauflauf vor einem Bäckerladen, in dessen Verlauf die Fensterscheiben eingeworfen wurden. Die herbeigerufene Bürgergarde verhinderte zusammen mit der Infanterie weitere »Eigentums-Beeinträchtigungen«. In Tübingen versuchte man am 4. Mai die Kunstmühle zu stürmen, das Unterfangen konnte jedoch vereitelt werden.

Um die Not zu lindern, wurden in Stuttgart Armenkonzerte und Sammlungen durchgeführt. Eine großzügige Spende für die Bedürftigen traf vom Großfürsten und Thronfolger Alexander von Russland ein.

Bedingt durch die Hungersnöte infolge von Missernten in den Jahren 1846 und 1847, gründete F. W. Raiffeisen Unterstützungsvereine, die sich schließlich zu dörflichen Spar- und Darlehenskassen entwickelten.

Nach dem Bauernaufstand in Nordbaden griffen die revolutionären Ereignisse am 4. März 1848 auf Württemberg über. Von Paris bis Budapest hatte sich das Volk gegen die Fürsten erhoben. Wahrscheinlich hätte sich die Geduld und das Verständnis der Deutschen für ihre Obrigkeit gegen die Offensive des Volkszorns durchgesetzt, wären in den 1840er-Jahren keine Missernten, Hungersnöte und Epidemien aufgetreten. Hecker und Struve riefen am 12. April 1848 in Konstanz die Republik aus und forderten zur bewaffneten Erhebung auf. Am 20. April wurden die Freischärler der badischen Revolutionäre bei Kandern im Südschwarzwald vernichtend geschlagen. Der Kampf um die Freiheit endete im Juli in der Festung Rastatt.

Unter König Karl (1864–1891) setzte sich die rege Bautätigkeit fort. 1868 fuhr die erste Pferdebahn nach Cannstatt und 16 Jahre später ging die dritte Bergbahn Deutschlands, heute kurz die »Zacke« genannt, auf Jungfernfahrt. Sie erschloss die Filderebene und von Degerloch aus konnten nun die Erzeugnisse der Bauern und anderes mehr mit Dampfkraft in die Stadt und auf den Markt befördert werden und manche Mühsal hatte ein Ende. Dem heutigen Benutzer der Bergbahn bietet sich nach einer Fahrt mit der »Zacke« eine wunderschöne Aussicht, denn bei einer durchschnittlichen Steigung von 13 Prozent überwinden die Wagen immerhin 210 Höhenmeter.

Stete Wasserknappheit ließ Stuttgart arm an repräsentativen Brunnen bleiben. Zur eigenen Versorgung mussten sich die Einwohner bis 1881 ihr Wasser vom Brunnen holen, wovon es 200, teils private und teils öffentliche, in der Stadt gab. Die erste Trinkwasserleitung mit filtriertem Neckarwasser wurde 1881 in Betrieb genommen. In diesem Jahr kam es auch zur Anlage einer Kanalisation. Der häufige sommerliche Wassernotstand endete erst 1959 mit der Bodenseewasserversorgung.

Durch das Anwachsen der Industrie erhöhte sich die Zahl der Einwohner zur Jahrhundertwende auf 180 000, denn die rapide wachsende Bevölkerung drängte vom Land in die Städte.

Aus dem notgeplagten Deutschland wanderten bis zum Jahr 1870 2,5 Millionen Menschen nach Amerika aus. Der 1857 in Bremen gegründete Norddeutsche Lloyd und die Hamburger Hapag verdienten enorm an dem Auswandererstrom, denn auch aus Russland und Osteuropa zogen ähnliche Massen nach Hamburg und Bremen, um von dort aus der Armut und Not zu entfliehen. In Württemberg beklagte man den Aderlass durch die Auswanderung, denn die tüchtigste und kräftigste Generation war fortgezogen.

Hungerbrote, Vulkanausbrüche und der schwäbische Lindwurm: Wetter und Leben von 1801 bis 1900

Während der ersten zehn Jahre des 19. Jahrhunderts verliefen die Winter im süddeutschen Raum meist sehr kalt und schneereich.

Wie Prof. Chr. Pfister von der Universität Bern berichtet, löste das Witterungsgeschehen im späten 18. und frühen 19. Jahrhundert ein Vorstoßen der Gletscherzungen aus, was sich auch anhand historischer Bildquellen recht gut nachweisen lässt. Der ab 1855 einsetzende Rückzugsprozess am Ende der »Kleinen Eiszeit«, ging mit einer Erwärmung sowie geringerer Häufigkeit und Ergiebigkeit der Schneefälle in den Alpen einher.

Den schneereichen Wintern in unserem Raum folgten in den Jahren 1802, 1805, 1807 und 1809 mit dem Einsetzen des Tauwetters erhebliche Überschwemmungen. Während der Sommermonate im ersten Jahrzehnt des Jahrhunderts herrschte überwiegend gewitterreiche Hitze, so dass über schwere Hagelfälle geklagt wurde. Im Jahr 1807 wehte Ende Juli ein glutheißer Wind, der die Menschen ermatten und Vögel sterben ließ. Die Weinlese verlief ab dem 13. Oktober unter solch großer Hitze, dass der Wein in den Bütten zu gären begann.

In diesem Jahr wurde die Leibeigenschaft der Bauern aufgehoben.
Die von Napoleon 1806 angeordnete Kontinentalsperre, die bis zum Jahr 1813 andauern sollte, zeigte 1810 in Stuttgart ihre Wirkung: Die Warenlager aller Kaufleute, die mit englischen oder Kolonialprodukten handelten, wurden verschlossen. Was bei Gastwirten und Hauseigentümern an derartigen Waren gefunden wurde, wurde während der Zeit vom 3. bis zum 7. November beschlagnahmt und auf den Straßen verbrannt.

Im Jahr 1811 konnten sich selbst die ältesten Leute keines Jahrgangs mit so guter Witterung und Fruchtbarkeit erinnern. Mild war der Winter und hochsommerlich warm der Mai, so dass es bereits ab August reife Trauben gab. Die Lese der ungewöhnlich großen Trauben erbrachte einen süßen, geistreichen Wein, »der aber auch mehrere Opfer forderte«, wie ein Chronist berichtet. Den Kartoffeln hatte die Trockenheit geschadet, dafür fiel die Getreideernte reichlich aus.
Mit dem Jahrgang 1812 setzte eine Reihe extrem kalter Sommer ein.

Zu Beginn des Jahres 1812 zogen Werber durch Württemberg und viele junge Männer fanden sich nach mehr oder weniger Gewaltanwendung im französischen Armeekorps wieder, das am 12. März 1812 unter der Führung von Napoleon bei schlechtesten Witterungsbedingungen den grausamen Marsch gen Moskau antrat.

Die Missernte des Jahres 1812 rief eine Teuerung hervor. Der König befahl daraufhin Getreide aus den Vorratskästen abzugeben, um Brot für die Armen zu backen. Der strenge Winter 1812/13 hielt bis zum März an.

Nach dem verlustreichen Rückzug aus Russland und der Völkerschlacht bei Leipzig, brach die französische Herrschaft in Deutschland zusammen.

Ab dem 5. April 1815 kam es auf Sumbawa (Sundainseln) zu gewaltigen Eruptionen des Vulkans Tambora, die bis zum 15. Juli des Folgejahres andauerten. Wie beim Ausbruch des Krakatau im Jahr 1883 trieb die Vulkanasche jahrelang in der Atmosphäre um die Erde.

Im Jahr 1816 spitzte sich die Versorgungslage zu: Nach einer Reihe von durchweg zu kalten und nassen Jahren mit Missernten trat eine große Hungersnot auf. Es wurden so genannte »Hungerbrote« gebacken, deren Teig ausgepresster Leinsamen zugefügt worden war. Zwar war das Brot nahrhaft, aber alles andere als wohlschmeckend. Zur Deckung des Fleischbedarfs wurden sogar Hunde und Katzen geschlachtet.

Einfahrt des ersten Getreidewagens auf dem jetzigen Schillerplatz am 28. Juli 1817. Georg Philipp Weiß (5.6.1741–19.2.1822) – der »Bäck vom Weißenhof« – fuhr den Wagen voll Korn als Zeichen für das Ende der großen Hungersnot 1816/17 zu den dankbaren Stuttgartern.

Obwohl es am 26./27. Mai 1817 nach 36-stündigem Regen zu einer verheerenden Überschwemmung gekommen war, sorgte die günstige Witterung ab Juni für eine gute Entwicklung der Feldfrüchte. Langsam ließ die Teuerung nach, doch die Armen nahmen nach wie vor die ungewöhnlichste Nahrung zu sich. Sie kochten Klee, Heu oder Wurzeln und mischten Kleie oder gar Sägespäne ins Mehl. Das Branntweinbrennen aus Kartoffeln wurde untersagt. Die Ausfuhrzölle wurden erhöht, die Einfuhrzölle im Gegenzug gesenkt und dem Wucher wurden Grenzen gesetzt. Abgesandten gelang es in Holland Getreide und Hülsenfrüchte einzukaufen. Am 28. Juli 1817 traf der erste, mit Kränzen geschmückte Getreidewagen in Stuttgart ein, der mit Glockengeläut, Musik und Gesang auf dem alten Schlossplatz empfangen wurde. Ein Dankgottesdienst schloss sich an. Danach verteilte man das Getreide an die Armen.

Am 8. Februar 1817 beobachtete man in Stuttgart ein Polarlicht.

Eine für die Vegetation ausgeglichenere Witterung sorgte bis 1836 für überwiegend fruchtbare Jahre, so dass die Preise für alle Nahrungsmittel in der Folge erheblich sanken.

Am 26./27. September 1827 wurde gegen Mitternacht die größte Ausbildung eines Polarlichts beobachtet. Rötlich schimmernde Streifen erreichten fast den Zenit, durch die Erhellung entstand eine Dämmerung. Gegen 1 Uhr verschwand die sich gegen Nordost bewegende Strahlung, doch bis gegen Morgen blieb eine gewisse Helligkeit erhalten.

Die seit 1817 meist gemäßigt bis mild verlaufenen Winter erfuhren nur in den Jahren 1820, 1823, 1827 und vor allem 1829/30 einen herben Rückschlag. Ab November 1829 sanken die Temperaturen durchweg unter 0 °C, die Kälte steigerte sich im Dezember und leitete einen der »Großen Winter« ein. Bis zum 8. Februar 1830 herrschten ungebrochen eisige Temperaturen. Tief war der Frost in den Boden eingedrungen, Menschen und Tiere starben vor Kälte.

Auf dem zugefrorenen Bodensee tummelte sich im Januar 1830 die Bevölkerung zu Trommeln und Pfeifen der Zünfte, Bauern brieten ganze Ochsen am Spieß und eine Prozession trug die Holzstatue des Johannes von Münsterlingen quer über den Bodensee nach Hagenau. Dies geschah erstmals 1573,

111 Jahre später kehrte die Statue zurück. In den Jahren 1830 und 1963 wanderte sie abermals hin und her.

Während des Tauwetters im Februar 1830 brach das Neckar-Eis bei Cannstatt. Der Fluss trat über die Ufer und die gewaltigen Eisschollen richteten große Schäden an. Man arbeitete Tag und Nacht, um das Eis zu entfernen.

Am 7. Januar des darauf folgenden Jahres konnte ein wunderschönes Polarlicht beobachtet werden. Dem großen weißen Bogen folgten an mehreren Stellen rosafarbene wolkige Flecken, von denen senkrechte Strahlen hinab in den Kreis liefen. Die Erscheinung verschwand einige Male, doch gegen 21 Uhr zeigte sie sich in ihrer größten Pracht. Gegen Mitternacht war nur noch ein weißer Kreisabschnitt sichtbar, der allmählich verschwand. Polarlichter wurden auch am 18. Oktober 1836 und am 18. Februar 1837 gesichtet.

Von 1837 bis 1839 waren die Ernteergebnisse witterungsbedingt rückläufig, besser verliefen die beiden folgenden Jahre, bis im Jahr 1842 große Trockenheit die Bäche versiegen ließ. Alle Seen die Stuttgart mit Wasser versorgten, trockneten aus. Im Oktober waren die Wasservorräte erschöpft. Der geringen Getreide-, Obst- und Kartoffelernte stand jedoch eine vorzügliche Weinlese gegenüber.

Im Mai 1842 zerstörte ein Großbrand fast ein Drittel der Hamburger Innenstadt. 51 Menschen kamen ums Leben, etwa 20 000 wurden obdachlos. Die Einwohner Stuttgarts spendeten rund 70 000 Gulden für die Opfer der Brandkatastrophe.

Schlechte Ernten führten ab 1843 zu Preisanstiegen.
Im März des folgenden Jahres richteten orkanartige Stürme große Schäden an Gebäuden, Gärten und Weinlagen an.
Anhaltende Kälte führte im Winter 1845 dazu, dass sich eine hohe Schneedecke ausbildete, die erst nach zwei Monaten schmolz. Eine außergewöhnlich hohe Sterblichkeit bei Mensch und Tier war die Folge. Da im Frühjahr und Sommer günstige Witterung herrschte, konnte eine gute Ernte eingebracht werden, was zur Absenkung der Preise führte. Bei den Kartoffeln allerdings trat eine die Pflanzen schädigende Krankheit auf, die erst nach Jahren bekämpft werden konnte.

Im insgesamt zu warmen Jahrgang 1846 verwüsteten im Juli mehrfach auftretende Hagelstürme Felder, Wälder und Gebäude. Die Hagelkörner wiesen eine gezackte Form auf und waren etwa hühnereigroß. Aufgrund des Preisanstiegs mussten täglich hunderte von armen Menschen auf öffentliche Kosten gespeist werden.

Am 29. Juli kam es zu einem Erdbeben.
Im Jahr 1846 fand der Handlungsvorstand und Stuttgarter Stadtrat A. Reininger bei Schachtarbeiten zwischen Degerloch und Kaltental, kurz vor dem Waldfriedhof, zwei für die Wissenschaft wertvolle Tierskelette. Es handelte sich um die Überreste von 7–9 m langen, hochbeinigen Echsen. Der Tübinger Geologieprofessor Quenstedt bezeichnete die Individuen, die von anderen Gelehrten der Gattung *Zanclodon laevis* zugeordnet wurden, in Erinnerung an die alte Drachensage als »schwäbische Lindwürmer«.
Der verhältnismäßig kleine Kopf mit dem säbelförmigen Gebiss saß auf einem langen, dünnen Hals. Der mächtige Rumpf endete in einem langen, kräftigen Stützschwanz. Man glaubte, dass sich das Tier aufgerichtet auf den Hinterbeinen fortbewegte und ähnlich einem Känguru große Sprünge machen konnte. Aus der Vielzahl von gefundenen Überresten in der Stuttgarter und Tübinger Gegend schloss man, dass es hier von solchen Riesentieren förmlich nur so gewimmelt haben muss. Nach dem Tod des Entdeckers Reininger wurde das Skelett im Stuttgarter Naturalienkabinett ausgestellt.

Am 17. Oktober 1846 beobachtete man im In- und Ausland einen prächtigen feuerroten Meteor, der sich von Nordwest nach Südost bewegte und aus dem sich eine zweite Kugel von stahlfarbenem Licht entwickelte. Die Größe des Meteors betrug etwa ein Drittel des Monddurchmessers. Vier Jahre später, am 5. März 1850, wurde ein Meteor mit langem Schweif gesichtet. Er verbreitete helles Licht und zerplatzte unter dröhnendem Donner. Auch für das Jahr 1851 wird das Erscheinen eines Meteors erwähnt. Die am 8. Januar beobachtete Erscheinung hatte die Größe der Sonne. Am 15. Juli kam es zu einer Sonnenfinsternis. Ebenfalls im Jahr 1851 und zwar am 29./30. September, trat ein Polarlicht auf. Ein Meteor mit beträchtlichem Schweif konnte am 15. Mai 1857 beobachtet werden.

Das Jahr 1847 wies eine geradezu sprunghaft wechselnde Witterung auf. Es fielen beträchtliche Niederschlagsmengen. Am 29. Mai verwüstete Hagel ganze Landstriche, viele Menschen wurden verwundet und Vögel getötet. In Riedlingen flüchtete ein verwundeter Storch sogar in ein Haus. Die Sommermonate waren anfänglich kühl, später jedoch kam es zu einem spürbaren Temperaturanstieg, so dass Gewitter nicht ausblieben. Die sich anschließenden Herbstmona-

te waren warm und relativ trocken. Im November trieben die Pflanzen daher erneut aus und blühten. Die Ernteergebnisse fielen unterschiedlich aus: Bei den Kartoffeln kam es wieder zum Totalausfall, wohingegen das Ergebnis der Lese reichlich, wenn auch nur von mäßiger Qualität war. Ähnlich verliefen die Jahrgänge 1848 und 1849.
Am 14. Januar 1849 kam es nach rasch einsetzendem Tauwetter zu starker Überschwemmung was wie im Oktober 1824 zu großen Schäden führte.

Als im Februar 1849 die »Florian« vor Harwich sank, wurden auch viele württembergische Auswanderer Opfer der Schiffskatastrophe. Nur vier Personen konnten gerettet werden, unter ihnen der Maurer W. Kies aus Hofen, Oberamt Cannstatt.

Der Weg ins Glück, das sich so viele Menschen in Übersee erhofften, brachte manchmal nicht viel mehr als Entbehrung, Hunger, Not und unvorstellbare Strapazen. Auf dem Bild aus dem Jahr 1820 sind Auswanderer aus Südwestdeutschland zu sehen, eingepfercht im Zwischendeck eines Großseglers auf der Überfahrt in die Vereinigten Staaten.

In den Jahren 1850/51 fielen die Erträge der landwirtschaftlichen Produktion gering bis mittelmäßig aus. Schwere Wolkenbrüche vom 31. Juli bis zum 1. August 1851 führten nicht nur zu Schäden bei der Vegetation, sondern zerstörten sogar ganze Bauwerke. In Untertürkheim wurde eine Brücke von den reißenden Wassermassen mitgerissen und die Schienen der Eisenbahn wurden beschädigt. Am 15. September traten in Cannstatt ebenfalls Überschwemmungen auf. Aufgrund der heftigen, anhaltenden Niederschläge kam es zu schweren Erdrutschen auf der Alb. Bei Spaichingen wurden Äcker und Wiesen verschüttet, desgleichen am Ursulaberg bei Reutlingen.
Im Vergleich zu den vorangegangenen zehn Jahrgängen verlief das Jahr 1856 endlich unter günstigeren Witterungsbedingungen, wenn es auch nicht alle Erwartungen erfüllte. Ernte und Lese fielen mit regionalen Unterschieden gut aus. Die Fruchtbarkeit steigerte sich in den folgenden Jahren bis 1860. Allerdings hatte die Erwärmung einen Niederschlagsmangel und somit große Trockenheit zur Folge. Die Flüsse führten so wenig Wasser wie in den Jahren 1811 und 1842. Die Mühlen im Schwarzwald standen still. Während des Winters 1858 hielt der Wassermangel an und man schmolz insbesondere auf der Alb, in Oberschwaben und am Bodensee Schnee, um Trinkwasser zu gewinnen. Im Untersee kam aufgrund des geringen Wasserspiegels ein Stein zum Vorschein, auf den in Jahren großer Trockenheit Markierungen angebracht worden waren. Laut den Inschriften waren die Wasserstände in den Jahren 1674, 1755 und 1785 sehr niedrig gewesen.
Die Trockenheit fand erst im Sommer 1860 ein Ende, als die Witterung ins andere Extrem umschlug und anhaltende Niederschläge für eine Erschwernis der Erntearbeiten sorgten.
Die Witterungsabhängigkeit der Menschen sollte auch ein Jahr später deutlich werden. Aufgrund erheblicher Temperaturgegensätze und -schwankungen wechselten sich Unwetter, Überschwemmungen und Trockenperioden rasch ab. Eine kräftige Erwärmung mit Starkregen zu Sylvester führte nach dem strengen Frost des Vorjahres zur Überflutung der Straßen und zum Eisgang auf dem Neckar. Die Anhäufung der Eismassen verursachte auch in der Rheingegend und sogar bis in die Niederlande Verheerungen. Dem Tauwetter folgte Sturm mit starken Schneefällen, jeglicher Verkehr brach zusammen, so dass Bahnschlitten eingesetzt werden mussten. Die sich anschließende Kälte ließ in verschiedenen Orten Mensch und Tier erfrieren. Bäume wurden von der Kälte gesprengt oder brachen unter der Schneelast zusammen.
Nach einem Weststurm mit Regen und steigenden Temperaturen am 21. Januar führten die Flüsse abermals große Eisschollen. Der sich anschließende Februar

war mild und trocken, teilweise wurde sogar bereits mit der Bestellung der Felder begonnen. Im gewittrigen März traten die Flüsse erneut über die Ufer. Bei Föhnsturm am 11./12. des Monats sank auf dem Bodensee ein Dampfboot, 13 Menschen ertranken. Im mild-trockenen April mussten die Äcker neu bestellt werden. Nach den kühlen ersten Maitagen störten bald Gewitter und Hagel das Wachstum der Saat. Am 13. und 14. Mai traten wiederum Überschwemmungen auf. In der Hitze des Sommers wurden Menschen von Blitzen verletzt oder gar getötet. Erst im September klang die Gewittertätigkeit ab, dafür erschütterten Erdstöße mit Donnergrollen am 22. September das ganze Land, insbesondere jedoch auf den Fildern. Die Ernte war dennoch zufriedenstellend, der wenige, aber sehr gute Wein wurde so teuer, dass man sagte: »Der Weinpreis habe eine noch nie gekannte Höhe erreicht.«

Im trockenen, niederschlagsarmen Jahr 1862 musste in Stuttgart die Schifffahrt eingestellt werden. Die Ernte- und Leseergebnisse waren dennoch gut.

Ein Jahr später trat eine günstige und ausgeglichene Witterung auf, die das fruchtbarste Jahr seit einem Jahrzehnt hervorbrachte. Sogar die Kartoffeln wurden in vergleichbarer Menge und Qualität wie vor der vernichtenden Krankheit gerodet.

Die Auswanderungswelle – speziell nach Amerika, aber auch nach Australien –, der seit 1849 mehr als 75 000 Württemberger gefolgt waren, kam allmählich zum Stillstand.

Von 1864 bis 1870 wechselten sich nasskalte mit zu warmen, trockenen Jahrgängen ab. Ähnlich große Unterschiede zeigten sich infolgedessen bei den Ernteergebnissen und den Preisen.

Aufgrund des Fehlens einer Schneedecke sowie Niederschlagsmangel, herrschte im Jahr 1865 eine extreme Trockenheit. Die Hitze in den Sommermonaten tat ein Übriges. Es entstand sehr großer Futtermangel, so dass der Viehbestand vermindert werden musste. Im Dezember war besonders auf der Alb der Wassermangel so groß, dass man den Reif von den Bäumen schüttelte und sammelte, um auf diese Weise Trinkwasser zu gewinnen. Aus den Wasserstellen für das Vieh schlug man sogar den gefrorenen Schlamm und taute ihn auf.

Im Dezember 1867 wütete ein Orkan. Drei Jahre später, am 26. Oktober 1870 richtete erneut ein Orkan Schäden von ungeheurem Ausmaß an.

In den Jahren 1870/71 belebte sich der Fruchthandel nach guten Ernten mit steigenden Preisen durch die großen Bedürfnisse der Armee, jedoch waren infolge

des Krieges die Transportverhältnisse erschwert. Da Ungarn aufgrund schlechter Ernteergebnisse als Hauptlieferant ausfiel, erhöhte sich die Einfuhr deutschen Getreides in die Schweiz. Auch Frankreich musste in diesem Jahr seinen Bedarf an Nahrungsmitteln durch Importe aus Deutschland decken, da das herrschende Kriegsgeschehen Erntearbeiten unmöglich gemacht hatte.
Für die Jahre 1872 bis 1875 sind große Schwankungen bei den Temperaturen und Ernten überliefert. Von den häufigen Hagelfällen waren die des Sommers 1875 besonders vernichtend. Am 20./21. Juni starben im Umland von Stuttgart sogar zwei Menschen infolge des Unwetters. Die Hagelkörner, die zum Teil bis zu 250 Gramm wogen, wurden als zackig, spiral- und scheibenförmig beschrieben. Am 4. Juli 1875 fiel auf den Fildern Hagel, der das Land fußhoch bedeckte. Eine Vielzahl von Wolkenbrüchen führte zu Überschwemmungen. Ab dem darauf folgenden Jahr bahnte sich ein rückläufiger Temperaturgang mit geringeren Ernte- und Leseergebnissen an.
Aus den ab 1878 durchgeführten Messungen lassen sich die monatlichen und jährlichen Durchschnittstemperaturen ableiten. Bis 1896 fielen fast alle Jahreszeiten zu kühl aus. Als kältestes Jahr erwies sich 1879, gefolgt von den Jahren 1887 und 1891. Wahrscheinlich beruhten die anhaltend negativen Temperaturen auch auf den Ausbrüchen des Vulkans Krakatau vom 26. und 27. August des Jahres 1883. Die Eruptionen hatten die Stärke von 3000 Atombomben. Riesige Aschemengen wurden in Höhen von bis zu 80 Kilometern katapultiert und drifteten um die Erde. Die von den Chronisten für diesen Zeitabschnitt erwähnten unvergleichlich schönen Abend- und Morgenröten, weisen auf die mit Asche angereicherte Atmosphäre hin.

Vom 19. ins 20. Jahrhundert: Wachstum, Zerstörung durch Bombenhagel und Wiederaufbau

Der wirtschaftliche Aufschwung, der bereits im letzten Drittel des 19. Jahrhunderts in Stuttgart spürbar war, setzte sich Anfang des 20. Jahrhunderts fort. Eine wachsende Industrie schuf große Werkanlagen, aber auch Kunst und Kultur kamen nicht zu kurz: Von 1907 bis 1912 entstand das Staatstheater und im selben Jahr wurde mit dem Bau des Kunstgebäudes am Schlossplatz begonnen, welches 1913 vollendet wurde. Beim geselligen Leben haftete Stuttgart bis zum Beginn des Ersten Weltkriegs der Ruf einer provinziellen Residenzstadt an, gab es doch 900 Vereine, Zirkel usw., in denen die verschiedenen sozialen Schichten die Geselligkeit pflegten. Gut besucht waren auch die zahllosen kleineren und größeren Säle sowie die vielen auf den Anhöhen gelegenen Biergärten, in denen es nicht an Musik, Gesang und Tanz fehlte. Diese Oasen der Gast- und Gemütlichkeit sind unter dem nachrückenden Bauboom und den veränderten Lebensgewohnheiten heute längst verschwunden.

Im Ersten Weltkrieg trafen wiederholte Fliegerangriffe die Stadt. Viele Menschen starben, es kam aber auch zu großen Gebäudeschäden. Im November 1918 verzichtete König Wilhelm II. auf den Thron und Stuttgart wurde Hauptstadt des Freistaates Württemberg, dessen Verfassung am 25. November 1919 in Kraft trat. In den folgenden Jahren entstanden neben vielen großen Geschäftshäusern auch der neue Hauptbahnhof, der Tagblattturm, der Hindenburgbau, das Hotel »Graf Zeppelin«, die Weißenhof-Siedlung, das Kaufhaus »Breuninger« sowie der Mendelsohnbau für den damaligen Kaufhauskönig Salman Schocken (1939 wurde der jüdische Name von den Nazis in »Merkur« geändert). Die Stadt erhielt ein völlig neues Gepräge. Durch zahlreiche Eingemeindungen wuchs die Einwohnerzahl bis Anfang der Vierzigerjahre auf eine halbe Million an.

Während des Dritten Reiches richtete die NS-Justiz in Stuttgart eine zentrale Hinrichtungsstätte ein. Im Justizgebäude, Urbanstraße 18, mussten laut den Unterlagen des Staatsarchivs und des Standesamtes 454 Personen unter der Guillotine als so genannte »Volksschädlinge« sterben. Unter den Hingerichteten befanden sich auch fünf fahnenflüchtige deutsche Soldaten, aber auch Franzosen, Tschechen, Russen und Polen gehörten zu den Opfern.

Der Zweite Weltkrieg hatte wie bereits der vorangegangene Krieg nie geahnte, verheerende Auswirkungen auf die Stadt und ihre Bewohner. Von 1940 bis 1945 war Stuttgart in 53 Luftangriffen das Ziel etwa 5000 englischer und amerikanischer Flugzeuge. Der größte Teil der Altstadt sowie die meisten Bauten der Residenzzeit wurden zerstört. Ganze Stadtviertel wurden eingeebnet. Die Menschenverluste bei allen Angriffen betrugen 4562 Tote (darunter 770 Zwangsarbeiter und Kriegsgefangene), 8908 Verletzte und 86 Vermisste. Von 150 112 Wohnungen waren 52 034 zerstört. Bei den industriellen und gewerblichen Anlagen war eine Zerstörungsrate von 75 Prozent zu verzeichnen. Durch veranlasste Evakuierung betrug die Abnahme der Bevölkerung 48 Prozent.

Sofort nach Kriegsende wurde mit der Beseitigung der Trümmermassen und dem Wiederaufbau begonnen, wobei die Trümmer auf dem Birkenkopf – heute »Monte Scherbelino« genannt – aufgeschichtet wurden. Amerikanische Pioniere halfen, die von den deutschen Truppen am 21. April 1945 beim Rückzug gesprengten Neckarbrücken durch Notbrücken zu ersetzen oder neu aufzubauen. Nach der Rückkehr vieler Evakuierter und durch den Zuzug von Flüchtlingen stieg die Einwohnerzahl bis 1948 auf 450 000 an. In den Sechzigerjahren wurden gut 640 500 Einwohner gezählt. Von da ab kehrten kontinuierlich bis heute insgesamt rund 90 000 Einwohner der Stadt den Rücken. Ende 1999 betrug die Einwohnerzahl circa 551 000.

Die Stadt Stuttgart hat in den nunmehr 55 Jahren des Friedens ein neues Gesicht bekommen, zudem ist man bemüht, den zeitgemäßen Anforderungen immer mehr Rechnung zu tragen. Allein der Versuch, dem Stadtklima eine Verbesserung zu verschaffen, wird an der Tallage und Konfiguration des umgebenden Geländes scheitern, da eine gute Durchlüftung ausgeschlossen ist.

Der etwas andere Jahresrückblick: Allgemeine Wetteraussichten und extreme Witterungsereignisse von 1878 bis 1999

Die Entstehung der Hohenheimer Wetterstation

Die ältesten überlieferten Wetter- und Pflanzenbeobachtungen aus Hohenheim findet man in dem von 1780 bis 1788 geführten Tagebuch der Franziska von Hohenheim.
18 Jahre nach der Gründung der späteren landwirtschaftlichen Hochschule und heutigen Universität Hohenheim führte man systematische meteorologische Beobachtungen durch. Die Resultate der Aufzeichnungen aus den Jahren 1838 bis 1860 und 1870 bis 1872 wurden zwar veröffentlicht, doch aufgrund von Lückenhaftigkeit, schlechter Aufstellung der Instrumente und häufigem Beobachterwechsel nicht zur wissenschaftlichen Auswertung herangezogen.
Erst ab 1878 liegen zuverlässige und lückenlose Messungen der Lufttemperatur, der Niederschlagsmenge, der Bewölkung, der Sichtweite, des Windes sowie besonderer Witterungserscheinungen vor. Seit 1894 werden auch die Sonnenscheinstunden erfasst. Sämtliche tagbezogenen Daten und Beobachtungen werden im Institut für Physik und Meteorologie der Universität Hohenheim gesammelt und ausgewertet.

Differenziert nach den 12 Kalendermonaten, schließen sich im Folgenden Beschreibungen des in unseren Breiten zu erwartenden Witterungsgeschehens an. Die aus den Aufzeichnungen der Wetterstation Stuttgart-Hohenheim während der Jahre 1878 bis 1999 festgestellten extremen Witterungsereignisse, die grafischen Darstellungen der Monatsmittel sowie Bauernregeln und Sprichwörter runden das Bild ab.

Januar

Um die Jahreswende entscheidet sich häufig der Charakter der folgenden Wintermonate. Hält die milde Witterung des bekanntlich häufig auftretenden Weihnachtstauwetters noch bis zum Heiligedreikönigstag an, folgt mit großer Wahrscheinlichkeit ein milder Hochwinter.
Betrachtet man die seit 1878 in Hohenheim aufgezeichneten, lückenlosen Werte, so erkennt man, dass gerade im Januar, der als der kälteste Monat des Jahres gilt, erhebliche Abweichungen von der Norm auftreten. So kann es sehr wohl zu frühlingshaften Temperaturen kommen, was zu einer vorzeitigen Anregung der Vegetation führt. Treten dann später erneut Frosteinbrüche auf, können erhebliche Schäden und Rückschläge die Folge sein.

Extreme Witterungsereignisse seit 1878

Der kälteste Januar trat im Jahr 1940 mit insgesamt 31 Frosttagen, darunter 27 Eistage (Maximum unter 0 °C), auf. Am 19. Januar wurde ein Temperaturminimum von -23,7 °C erreicht. Die nächstkalten Januarmonate waren die der Jahre 1893, 1941, 1942 und 1963.
Als sehr mild verlaufene Januare zeichnen sich die der Jahre 1916, 1921, 1948, 1975, 1983, 1988 und 1993 ab, deren Monatsmittel der Lufttemperaturen nahe dem im März zu erwartenden Durchschnittswert lagen.
Die höchsten Januar-Temperaturen seit Beginn der Hohenheimer Messungen wurden am 10. Januar 1991 mit +16,9 °C (in Stuttgart-Stadt sogar mit +18,3 °C) registriert. Am 5. Januar 1999 betrug das Temperaturmaximum in Hohenheim +15,6 °C.
Das 20. Jahrhundert begann mit nur 8,8 Sonnenscheinstunden sehr trüb. Am sonnigsten dagegen, mit rund 100 Stunden (Norm 65 Stunden), war es in den Jahren 1930, 1989 und 1999.
Mit einem Blizzard wurde das Jahr 1979 eingeläutet. Nach Starkwind und Regen konnte das Feuerwerk zum Jahreswechsel bei Temperaturen um +4 °C ungestört stattfinden. Um 1 Uhr setzte Eisregen ein, gefolgt von einem Blizzard um 1.30 Uhr. Die rasant eindringende arktische Kaltluft ließ die Temperatur bis 11 Uhr stetig auf -16,1 °C abfallen. Die Schneewehen erreichten eine Höhe von über 1 m.

Alte Bauernregeln lauten: »Januar warm, dass Gott erbarm« und »Der Januar muss vor Kälte knacken, wenn die Ernte gut soll sacken.«

Monatsmitteltemperaturen von 1878 bis 1999, Stuttgart-Hohenheim
(langjähriges Monatsmittel -0,8 °C)

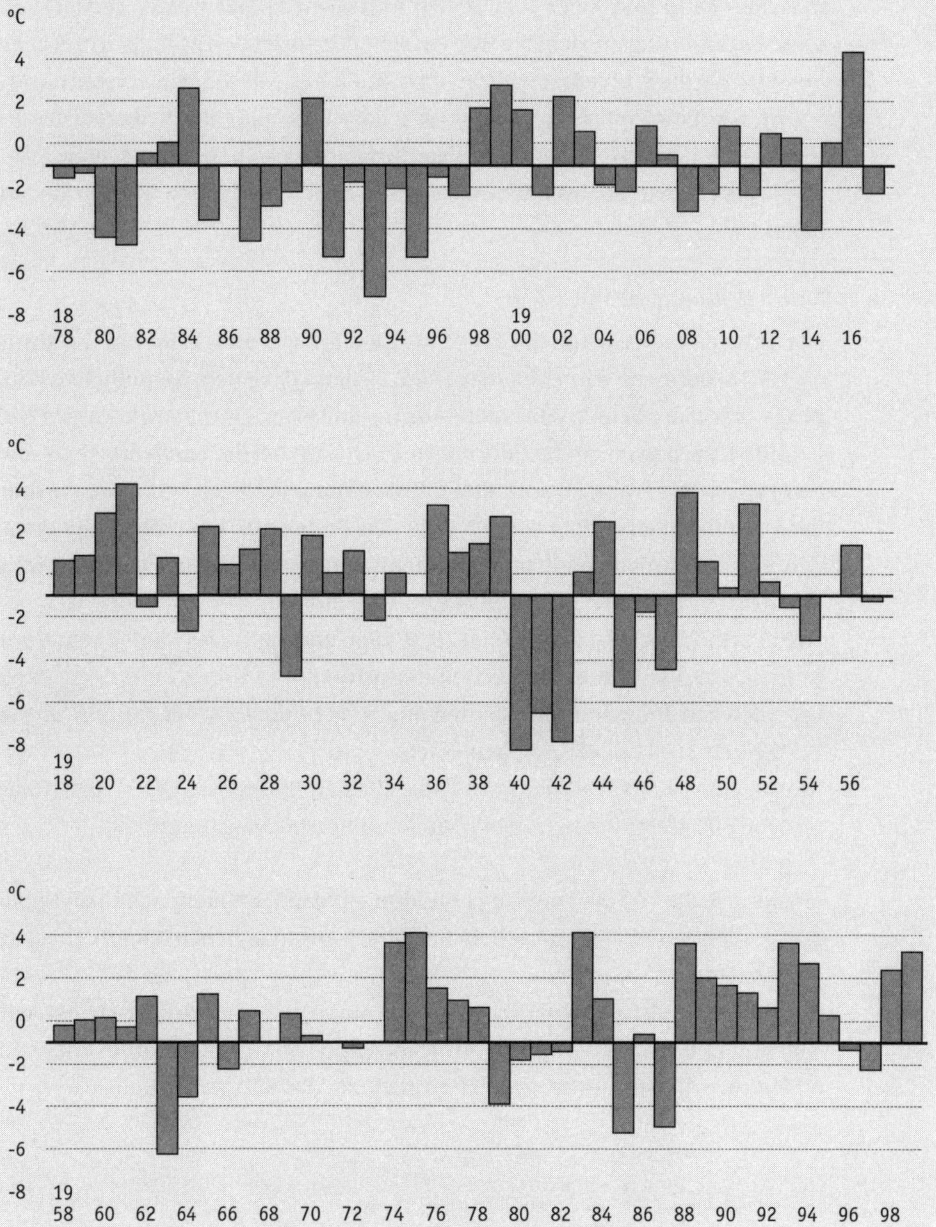

Februar

Im Februar neigt sich der Winter seinem Ende zu. Der Temperaturunterschied zwischen Land und Meer gleicht sich in diesem Monat wieder verstärkt aus, schroffe Witterungsumschläge werden seltener. Im letzten Monatsdrittel beeinflusst häufig die Frühjahrsregenzeit des nördlichen Mittelmeergebietes unseren Raum, was gewöhnlich zur Ausbildung oder Erhöhung der Schneedecke beiträgt. Die langjährige Durchschnittstemperatur kann in diesem Monat, wie in allen Wintermonaten, weit überschritten werden oder nahezu arktisch kalt ausfallen.

Extreme Witterungsereignisse seit 1878

Der kälteste Februar trat 1956 auf und widerlegte die vieljährige Erfahrung »... mild begonnene Winter bleiben mild...«, denn nach dem freundlichen Witterungsverlauf der beiden Vormonate kam es im Februar zu einem kräftigen Temperatursturz, dessen große Kälte enorme Schäden bei der Landwirtschaft sowie beim Obst- und Weinbau anrichtete. Trotz einer mächtigen Schneedecke drang der Frost bis in eine Tiefe von 0,5 m in den Boden ein. Einmalig bleibt die am Zehnten des Monats gemessene Tiefsttemperatur von -24,0 °C. Die nächstkalten Februare traten in den Jahren 1895 und 1929 auf.

Überaus mild verlief dieser Monat 1926, 1966 und 1990. Das Monatsmittel wurde in diesen drei Jahren erheblich überschritten.

Die höchsten Temperaturen wurden am 24. Februar 1990 mit +20,2 °C und am 21. Februar 1998 mit +20,5 °C gemessen.

Am 26. Februar 1983 wurde nach Sandstürmen in der Sahara in Württemberg und im Stuttgarter Raum erheblicher Staubniederschlag festgestellt.

Ein Spruch, der von der Sorge um einen vorzeitigen Vegetationsschub diktiert ist, lautet: »Februar mit Sonnenschein und Vogelsang, macht den Bauern Angst und Bang.«

Auf negativen Erfahrungen basieren die Aussprüche: »Der Februar hat seine Mucken, er baut aus Eis oft feste Brucken« und »Sprach der Februar zum Januar: Hätt ich die Macht wie du, ich ließ erfrieren das Kalb in der Kuh.«

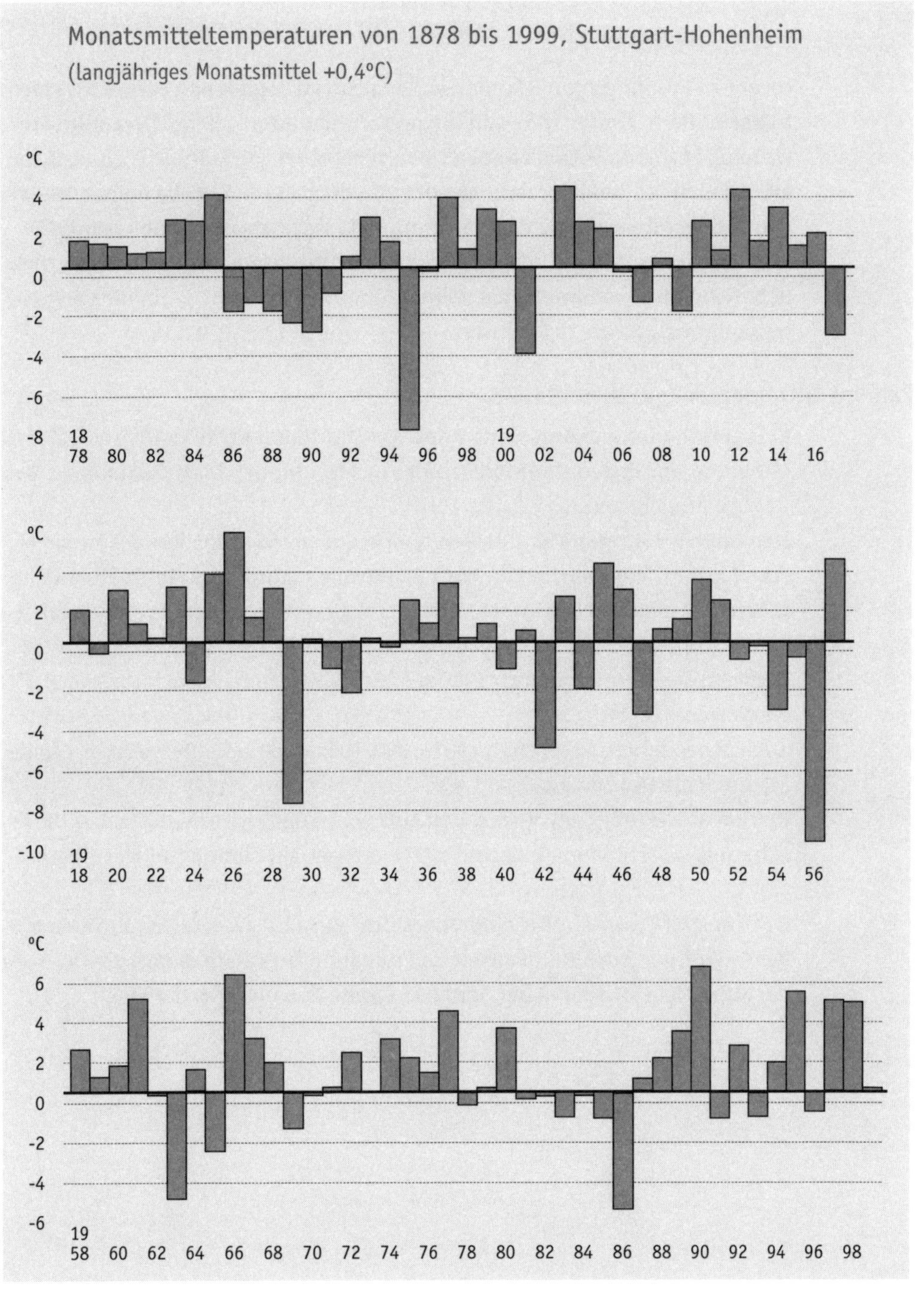
Monatsmitteltemperaturen von 1878 bis 1999, Stuttgart-Hohenheim
(langjähriges Monatsmittel +0,4°C)
°C
4
2
0
-2
-4
-6
-8
18
78 80 82 84 86 88 90 92 94 96 98
19
00 02 04 06 08 10 12 14 16
°C
4
2
0
-2
-4
-6
-8
-10
19
18 20 22 24 26 28 30 32 34 36 38 40 42 44 46 48 50 52 54 56
°C
6
4
2
0
-2
-4
-6
19
58 60 62 64 66 68 70 72 74 76 78 80 82 84 86 88 90 92 94 96 98

März

Im ersten Frühlingsmonat kommt es vor allem zu Beginn nicht selten zu einem Kälteeinbruch. Dieser wird durch eine Kaltluftzufuhr polarer Herkunft verursacht und führt zu Schauerwetter, vielfach begleitet von kräftigen Schneefällen. Die Zufuhr kontinentaler Luftmassen tritt jedoch ebenso häufig auf, so dass die von Springstubbe geprägte Bezeichnung »Märzwinter« nicht unberechtigt ist.
Die Schwankungsbreite der Temperaturen ist in diesem Monat nicht unerheblich: Neben frühsommerlichen Werten um und über 20 °C, kann die Quecksilbersäule auch unter -10 °C sinken.

Extreme Witterungsereignisse seit 1878

Eine enorme Temperaturschwankung von 36,7 °C trat im März 1890 auf, als das Minimum am Ersten des Monats mit -13,7 °C und das Maximum am 29. mit +23,0 °C erreicht wurde.
Den weitaus kältesten März, dessen Temperaturmittel unter dem des Januar lag, erlebten die Menschen im Jahr 1883. 30 Frosttage wurden gezählt. Dieser Kälterückschlag schädigte die im sehr milden Vormonat angeregte Vegetation erheblich.
Der wärmste März trat im Jahr 1989 auf und übertraf mit einem Mittel von 8,8 °C die Norm des April.
Auch in den Jahren 1938, 1957, 1981, 1990, 1991, 1994 und 1997 zeigten sich die Märzmonate viel zu mild.
Bei der Auswertung der vorliegenden Aufzeichnungen wird deutlich, dass die Erwärmung im Frühling seit Beginn der Neunzigerjahre immer zeitiger einsetzte.

Der Landwirt wünscht für eine ungestörte Aussaat: »Märzenstaub ist Goldes wert.« Eine gehäufte Sterblichkeit im Frühjahr führte zu dem Ausspruch: »Wen der März nicht sticht und der April nicht frisst, den holt sich der Mai.«

Monatsmitteltemperaturen von 1878 bis 1999, Stuttgart-Hohenheim

(langjähriges Monatsmittel +4,5°C)

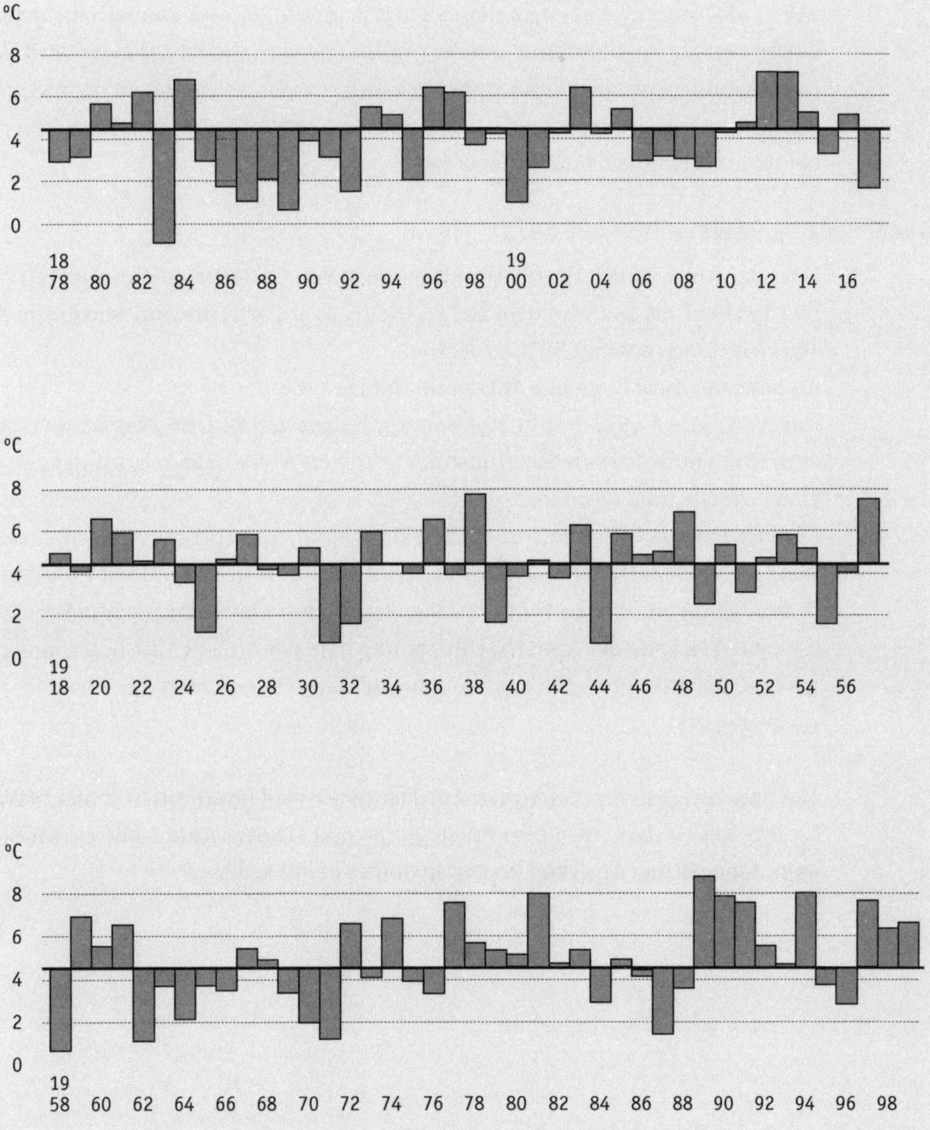

April

Während des gesamten Frühjahrs, aber vor allem im April, ist die Launenhaftigkeit des Wetters in unseren Breiten recht groß. Gegensätzliche Wetterlagen wechseln sich in bunter Folge ab, unterbrochen von einzelnen Hochdruckperioden, wobei die Neigung hierzu ab dem 18. April am größten ist. Der sprichwörtlich wetterwendische Charakter unseres mitteleuropäischen Frühlings wird von polaren und tropischen Luftkörpern gekennzeichnet. So stehen oft nachwinterliche Einbrüche frühsommerlichen Vorstößen gegenüber und verursachen dabei stürmische Auseinandersetzungen.

Extreme Witterungsereignisse seit 1878

Der wärmste April seit Beginn der systematischen Wetterbeobachtungen trat im Jahr 1934 auf, als das Monatsmittel 12,1 °C (Norm: 8,3 °C) und das Maximum der Temperaturen mehr als 30 °C erreichte.
Als kältester April hingegen gilt der des Jahres 1903.
Am 9./10. April 1973 fiel in Hohenheim insgesamt 45 l/m^2 Nassschnee, der eine 15 cm hohe Schneedecke ausbildete. In den Wäldern kam es infolgedessen zu enormem Schneebruch.
Ein erheblicher Felssturz mit circa sechs Millionen Kubikmeter Gestein samt Wald und Weg ereignete sich am 12. April 1983 am Hirschkopf bei Mössingen (Kreis Tübingen). Starke Niederschläge im milden März und noch heftigere in der ersten Dekade des April (80 l/m^2) waren dem gewaltigen Abbruch vorausgegangen. Bei diesem – seit Urzeiten natürlichen – Prozess wird die Alb stetig zurückverlagert.

Die Bauernregeln für den Monat April lauten: »Wohl hundertmal schlägt's Wetter um, das ist dem April sein Privilegium« und »Dürrer April stellt die Mühlen still« doch »Bringt April viel Regen, so deutet es auf Segen.«

Monatsmitteltemperaturen von 1878 bis 1999, Stuttgart-Hohenheim
(langjähriges Monatsmittel +8,5°C)

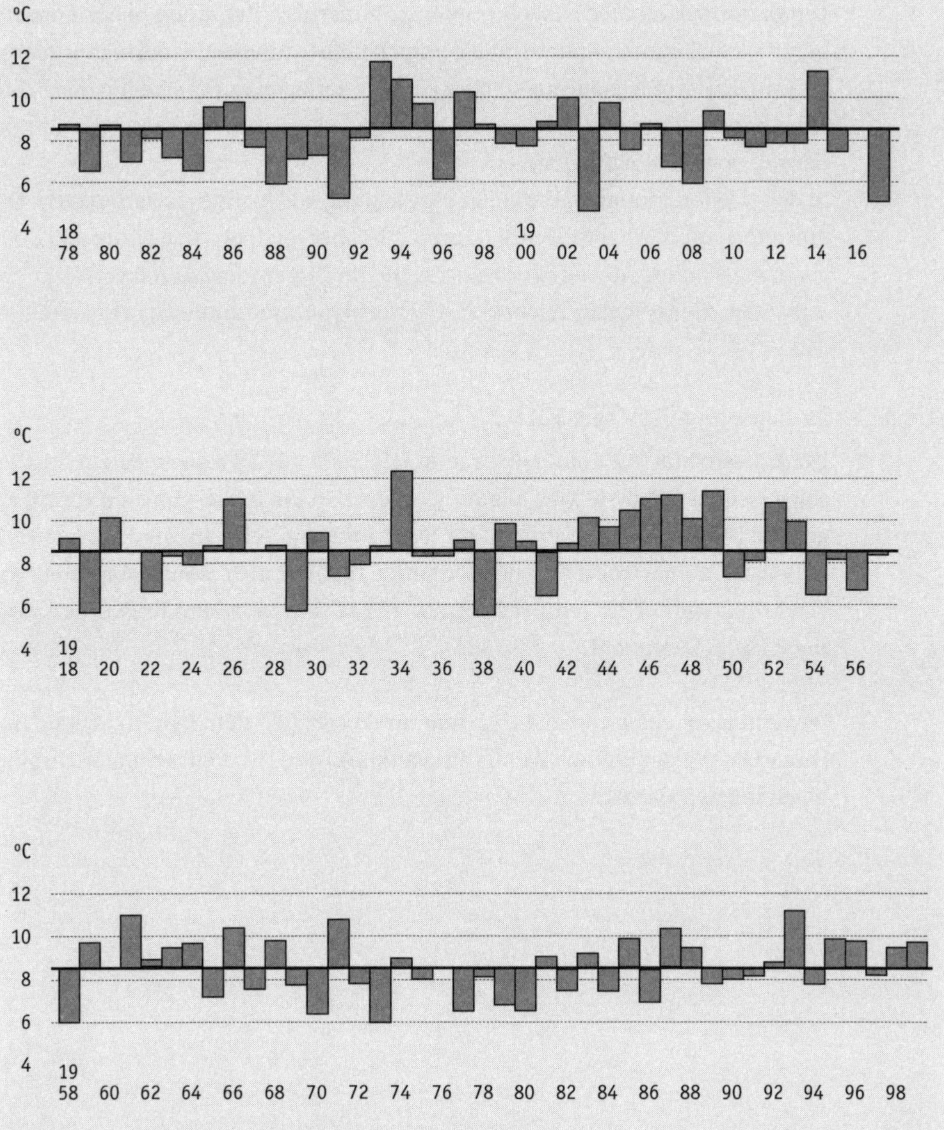

Mai

Im Mai verliert sich die Unregelmäßigkeit des Witterungsverlaufs. Im Volksmund gelten die Tage vom 12. bis zum 14. Mai, die nach den Eisheiligen Pankratius, Servatius, Bonifatius und Kalte Sophie benannt werden, als ausschlaggebend für Temperaturrückschläge. Nach übereinstimmenden Befunden vieler Forscher treten die bekannten Kälterückfälle jedoch nicht immer kalendermäßig gebunden auf. Die größte Häufung solcher Großwetterlagen findet sich um den 9. Mai ein. Aber auch um den 17. des Monats kann vielfach ein Rückgang der Temperaturen beobachtet werden.
In der zweiten Monatshälfte steigt die Neigung zu Hochdruckwetterlagen. Das Auftreten sommerlicher Temperaturen gibt aber auch oft Anlass zu einer völligen Umgestaltung der Großwetterlage, die im Folgemonat durch verstärkt einsetzendes, niederschlagsreiches Westwetter als Sommermonsun in Erscheinung tritt.

Extreme Witterungsereignisse seit 1878

Der kälteste Mai in Hohenheim trat im Jahr 1902 auf. Es kam zu einem Frosttag sowie Schneefall am 6. Mai, allerdings stiegen in der letzten Dekade an vier Tagen die Temperaturen über 25 °C an. Das Monatsmittel betrug jedoch nur 9 °C. Als wärmster Mai stellte sich der des Jahres 1917 mit acht Sommertagen heraus. Das Monatsmittel der Temperaturen betrug 16,8 °C, an einem Tag wurden sogar mehr als 30 °C erreicht.

Bekannt ist die Bauernregel: »Mai kühl und nass, füllt dem Bauern Scheun und Fass.« Der Winzer meint: »Wenn's am Pankratiustag (12. Mai) schön ist, so gibt's einen reichen Herbst.«

Monatsmitteltemperaturen von 1878 bis 1999, Stuttgart-Hohenheim
(langjähriges Monatsmittel +12,7°C)

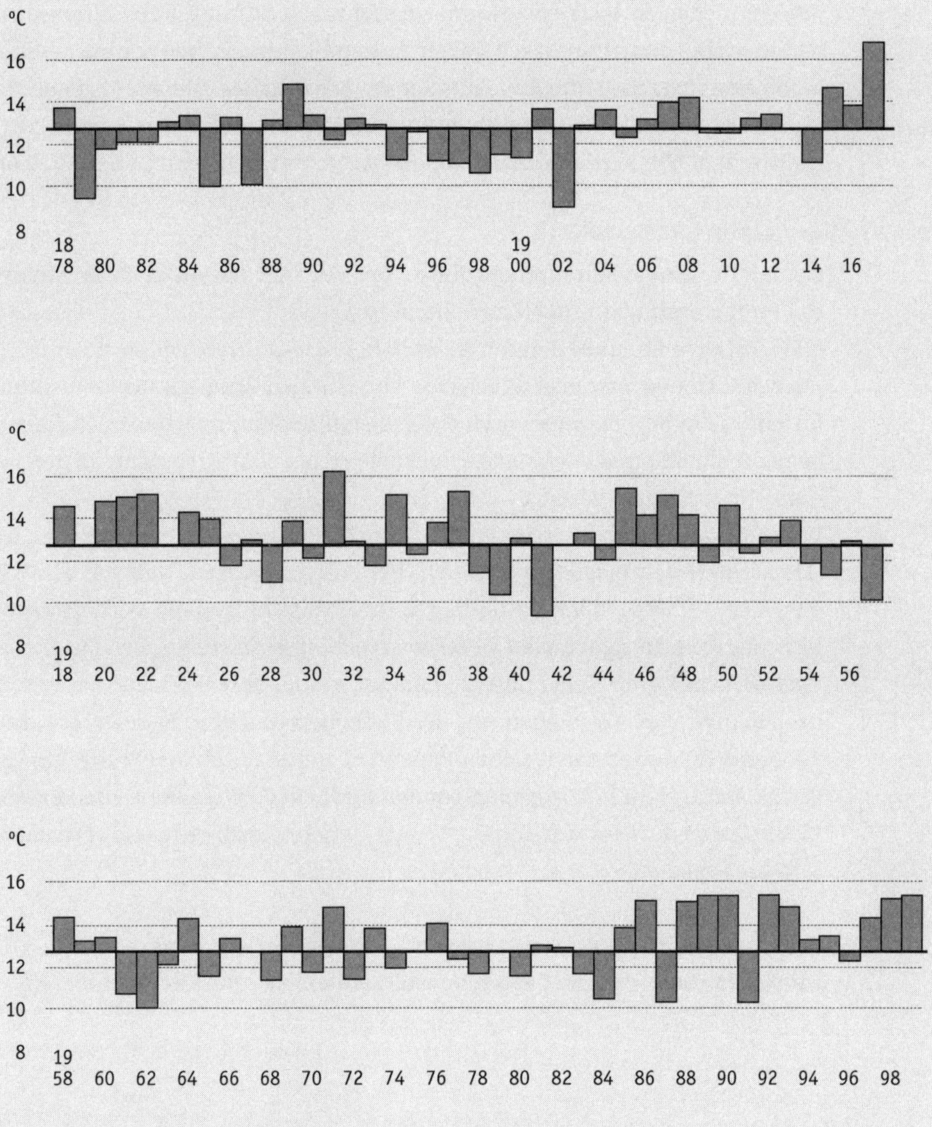

Juni

Im ersten Sommermonat kommt es häufig zu Vorstößen kühler Meeresluft, die von jahreszeitlichen Temperaturanstiegen abgelöst werden. Diese kühlen Luftmassen, begleitet vom ersten Gewittermaximum, bewirken in der Regel, dass der Juni der niederschlagsreichste Monat des Jahres ist. Störungsfreie Schönwetterperioden sind im Witterungscharakter des mitteleuropäischen Sommers selten. Wohlbekannt ist die Mitte Juni auftretende »Schafskälte«. Der am so genannten »Siebenschläfertag« zwischen Ende Juni und dem 8. Juli, herrschende Witterungsverlauf hält in gewissem Umfang den ganzen Hochsommer hindurch an.

Extreme Witterungsereignisse seit 1878

Der mit nur einem Sommertag kühlste Juni trat 1923 auf. An 12 Tagen erlangte das Temperaturtagesmittel nicht einmal 10 °C.
Als wärmste Junimonate können die der Jahre 1930 und 1976 gelten. Beide erzielten 3,3 °C Überschuss gegenüber dem langjährigen Temperaturmonatsmittel. Im Jahr 1976 leitete der sonnenscheinreiche Juni zudem einen heißen, trockenen Sommer ein. Ebenfalls sehr warm fielen die ersten Sommermonate in den Jahren 1915, 1917 und 1935 aus.
Wirbelstürme verschonten im Juni 1913 auch die Stuttgarter Gegend nicht. Das »Deutsche Meteorologische Jahrbuch« berichtet, dass am 1. Juni von den Wäldern des Uhlbergs, über Echterdingen und Wolfschlugen ein Wirbelsturm in Richtung Köngen zog. Auf der Höhe von Plochingen verstärkte sich das Unwetter: Der Bahnhof, die Kelter und viele Häuser wurden verwüstet. Von der Baracke des Johanniterspitals blieben nur der Fußboden und eine Badewanne übrig. Alles andere, mitsamt den sieben Patienten, wurde durch den Sturm hinweggefegt. Am 21. Juni 1957 zog ein über der nördlichen Filderebene entstandener Kleintornado mit Gewitter und Hagel über Hohenheim hinweg und verursachte schwere Schäden.

Bauernregeln besagen: »Wenn nass und kalt der Juni war, verdirbt er meist das ganze Jahr« oder »Was im September soll geraten, das muss der Juni braten.«

Monatsmitteltemperaturen von 1878 bis 1999, Stuttgart-Hohenheim

(langjähriges Monatsmittel +15,8°C)

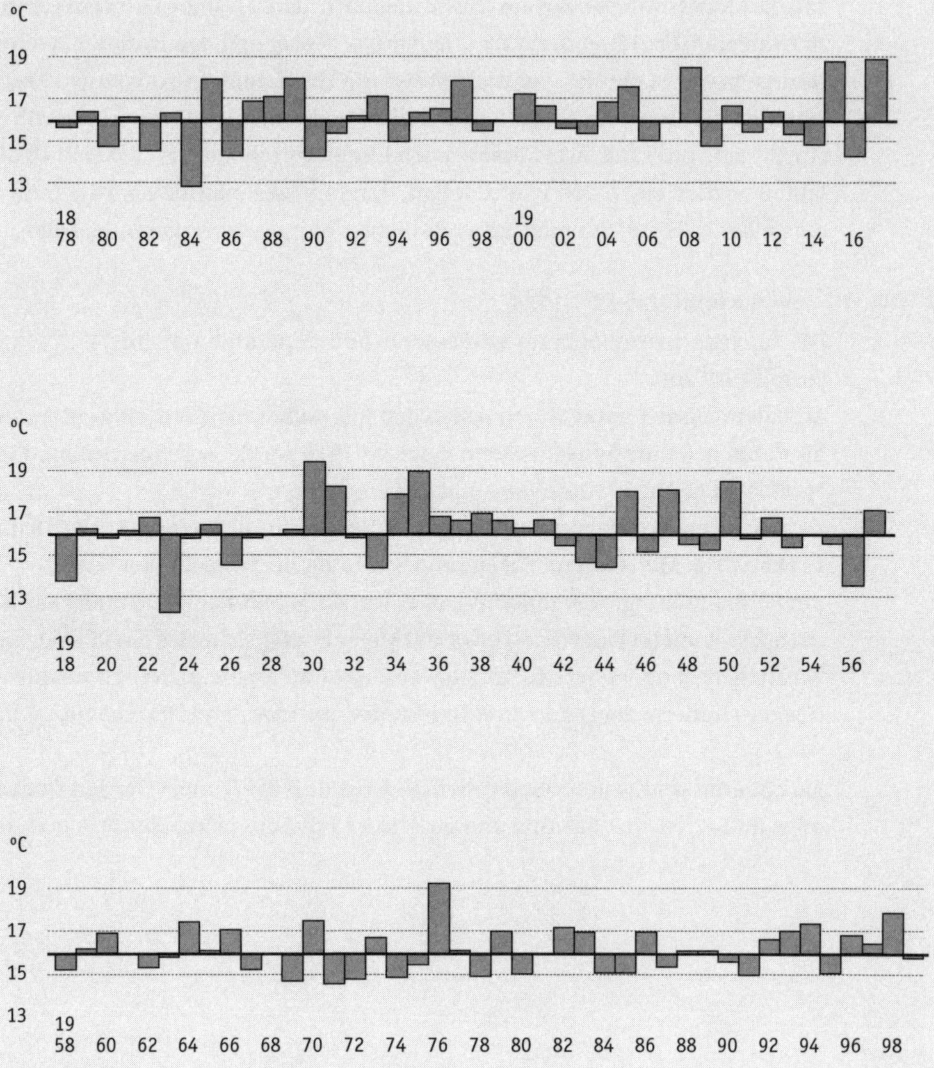

Juli

In diesem Monat bricht der Hochsommer an, dessen Wärme in unseren Breiten aber häufig von kühlen, mit kräftigen Gewittern verbundenen Witterungsabschnitten unterbrochen wird.
Um die Monatsmitte setzen die »Hundstage« ein, deren Namen sich vom Hundsstern ableitet. Die unter der Wärme leidenden Römer opferten in dieser Zeit rote Hunde, in der Hoffnung, auf diese Weise die Hitze mildern zu können. Heute stimmen die astronomischen Termine nicht mehr mit den Hitzeperioden überein: Sie sind um rund zwei Monate nach hinten verschoben. In weiteren 10 000 Jahren werden sie in den Winter fallen, dann müsste man sie als Kältebringer darstellen, falls es dann noch zu winterlichen Temperaturen kommen sollte.

Extreme Witterungsereignisse seit 1878

Die höchste in Hohenheim gemessene Julitemperatur trat mit 37,0 °C am 29. Juli 1947 auf.
Anhaltend hohe Temperaturen ließen den Juli 1983 zum heißesten werden. Der bis dahin geltende Spitzenreiter des Jahres 1911 wurde weit übertroffen. Eine ähnlich große Hitze wurde 1994 und 1995 registriert.
Zu kühl fielen die Julimonate hingegen in den Jahren 1879, 1888, 1913, 1919 und 1954 aus. Die Monatsmittel lagen rund 3 °C unter der langjährigen Norm.
Am 12. Juli 1968 fegte ein zerstörerischer Tornado übers Land und hinterließ auf einer 20 Kilometer langen und etwa 400 Meter breiten Schneise ein Bild der Verwüstung. Besonders stark betroffen war die Stadt Pforzheim. Neben zerstörten Häusern forderte der Orkan zwei Todesopfer und mehr als 400 Verletzte.

Als Bauernregeln gelten: »Soll gedeihen Obst und Wein, muss der Juli trocken sein« und »... ist aber Juli kühl und nass, leere Scheune, leeres Fass.«

Monatsmitteltemperaturen von 1878 bis 1999, Stuttgart-Hohenheim
(langjähriges Monatsmittel +17,6°C)

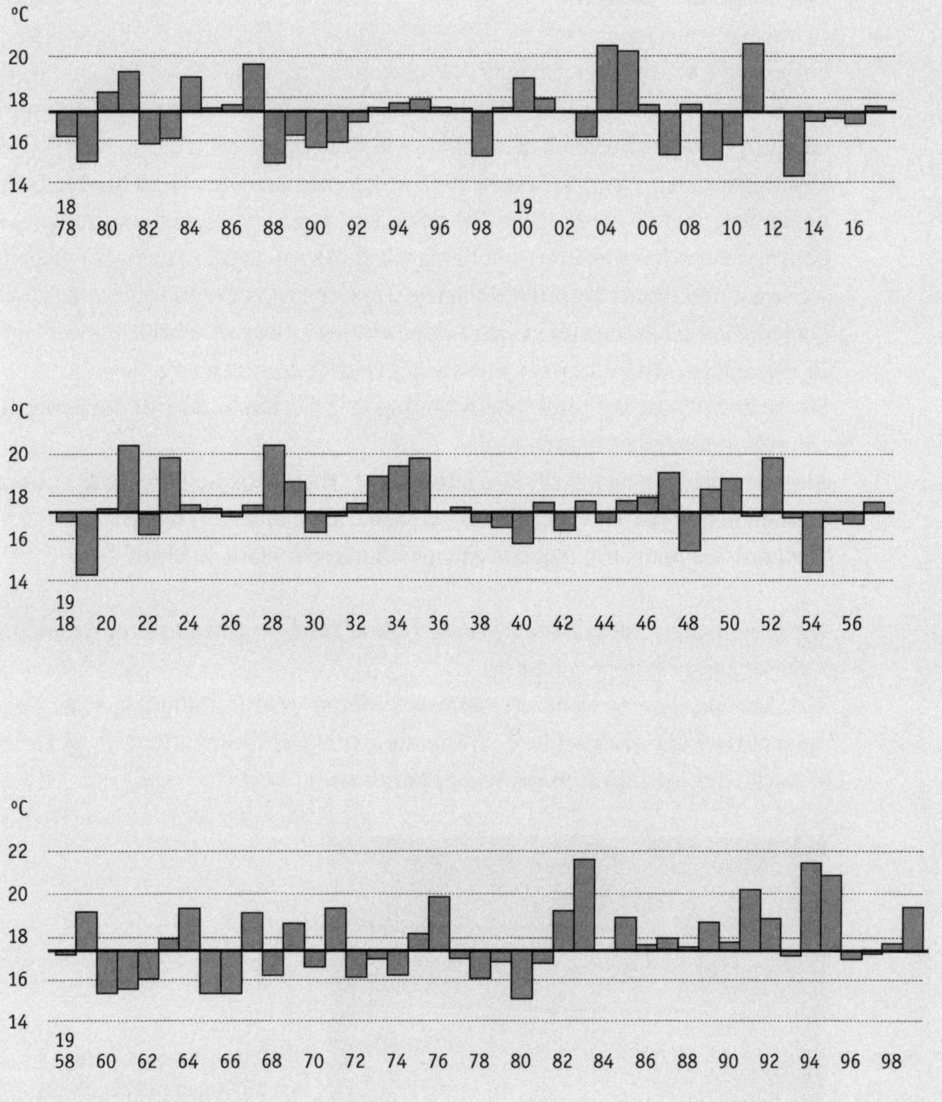

August

Im letzten Sommermonat beruhigt sich im Allgemeinen der vorher zu Wetterstürzen neigende Witterungscharakter. Die hochsommerlichen Störungen zeigen sich meist in milderer Form, dennoch können schädigende Unwetter nicht ausgeschlossen werden.

Extreme Witterungsereignisse seit 1878

Am 5. August 1908 wurde der bei Echterdingen gelandete Zeppelin LZ 4 durch einen Gewittersturm völlig zerstört.
Der Hagelschlag vom 15. August 1972, der in der Zeit von 15.30 bis 16.30 Uhr niederging, führte zur größten Wetterkatastrophe seit Menschengedenken. In der verwüstenden Gewitterfront fielen solche Massen an Eis, dass sie beispielsweise am Südheimer Platz die Höhe von 2 m erreichten. Sechs Tote waren zu beklagen. Platt gewalzt zeigten sich Felder und Weinberge, Gewächshäuser lagen in Trümmern. Mit Bulldozern musste der Hagel beseitigt werden.
Starke Bewölkung verhinderte am 11. August 1999 um 12.32 Uhr die Beobachtung der totalen Sonnenfinsternis.
Als wärmster August gilt der des Jahres 1911. Die nächstheißen Augustmonate wurden in den Jahren 1932, 1944, 1947, 1991, 1992 und 1997 festgestellt.
Der kühlste August trat laut den Aufzeichnungen im Jahr 1912 auf.

Die alten Wetterregeln lauten: »August ohne Feuer macht das Brot teuer« und »Nasser August bringt teure Kost.«
Eine Vorhersage der weiteren Wetteraussichten wird mithilfe folgender Regel versucht: »Anfang August heiß, Winter lang und weiß« und »Hitze an St. Dominikus (4. August), ein strenger Winter kommen muss.«

Nach dem Hagelunwetter am 15. August 1972: Eis und Hochwasser im Stuttgarter Autotunnel.

Monatsmitteltemperaturen von 1878 bis 1999, Stuttgart-Hohenheim

(langjähriges Monatsmittel +17,0°C)

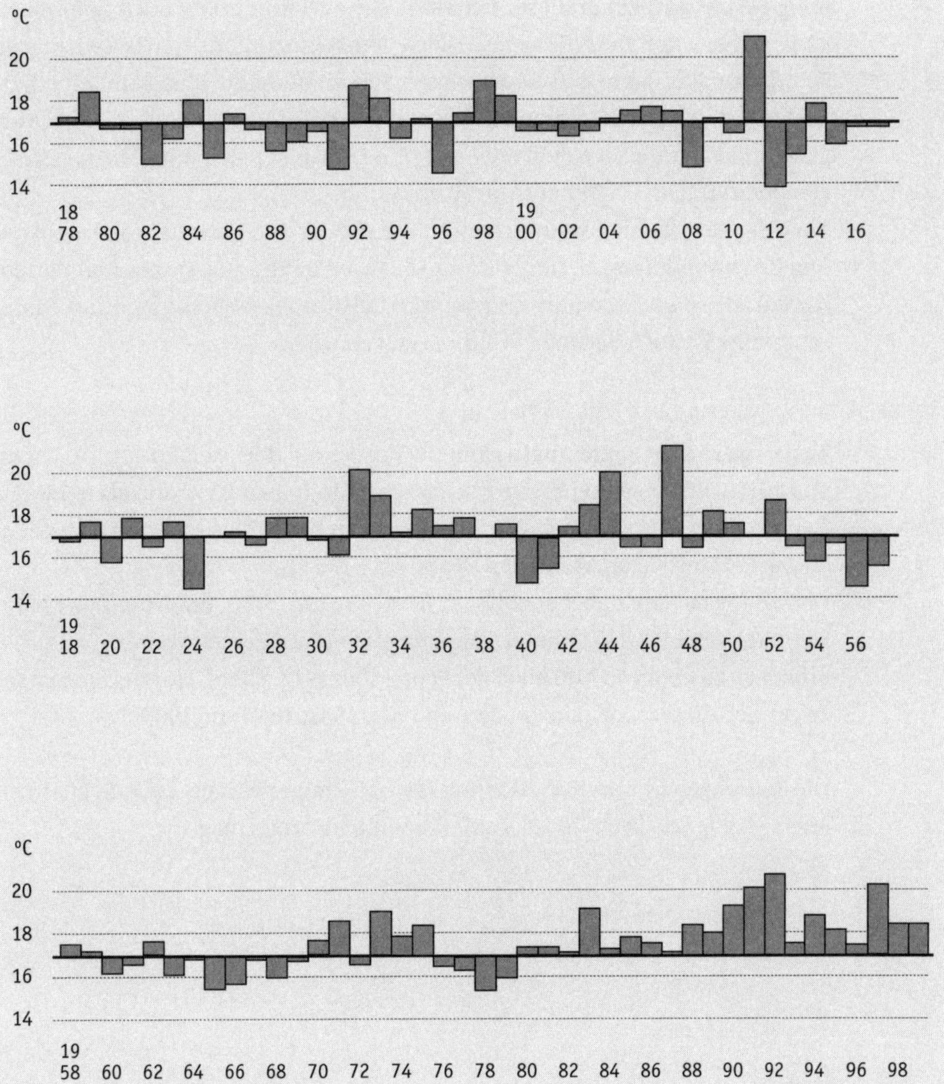

September

Die ausgeglichenste Witterung des Jahres setzt sich um die Wende August/September unter ausgeprägter Hochdruckwetterlage durch. Nicht selten hat der Spätsommer die Wettereigenschaften eines »Altweibersommers«. Die Bezeichnung beruht auf den in dieser Jahreszeit die Luft durchziehenden Spinnfäden junger kleiner Spinnen, die sich an ihnen vom Wind weitertragen lassen. In rund 79 Prozent aller Jahre tritt in der ersten Septemberhälfte eine frühherbstliche Schönwetterlage ein. Während dieser ruhigen Witterung kommt es in den Morgenstunden häufig zu Nebel oder starkem Dunst, der sich unter ansteigenden Temperaturen im Verlauf des Vormittags auflöst.

Nach der Monatsmitte kann sich meist Westwetter durchsetzen, wobei es in diesem Zusammenhang an der Nord- und Ostsee häufig zu stürmischen Winden kommt, die dem Seemann als »Äquinoktialstürme« bekannt sind. Im Monat September ist auch der erste Frühfrost zu erwarten.

Extreme Witterungsereignisse seit 1878

Zu den wärmsten Septembern zählt der des Jahres 1895, gefolgt von 1947, 1961 und 1999. Oft traten mehr Tage mit Temperaturen über 25 °C auf, als es für den Hochsommer erwartet wird. Mehrfach wurden heiße Tage registriert, an denen die 30 °C-Schwelle überschritten wurde.

Der sonnigste September schloss im Jahr 1959 mit 297 Sonnenstunden ab. Bekanntlich zeichnete sich dieser Jahrgang als hervorragendes Weinjahr aus.

Erheblich zu kühl und trüb blieb der September 1912. Ebenfalls unternormal kalt zeigte sich dieser Monat in den Jahren 1931, 1952, 1972 und 1996.

Die Bauernregeln besagen: »Warmer Herbst – langer Winter« und »Regnet's am Michaelistag (29. September), sanft der Winter werden mag.«

Monatsmitteltemperaturen von 1878 bis 1999, Stuttgart-Hohenheim

(langjähriges Monatsmittel +13,9°C)

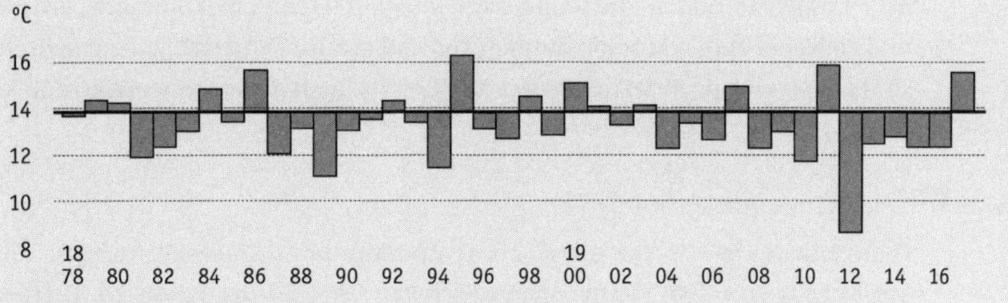

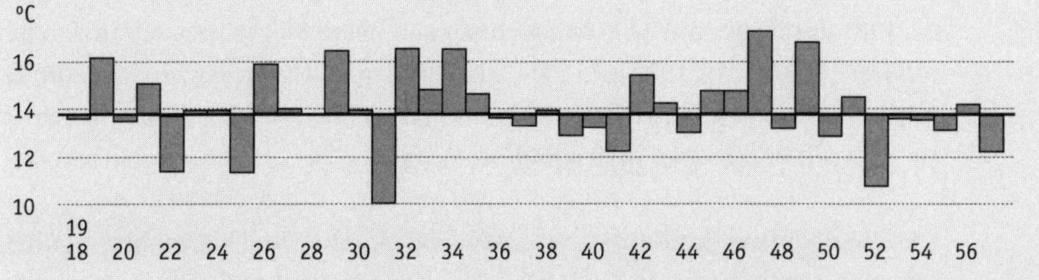

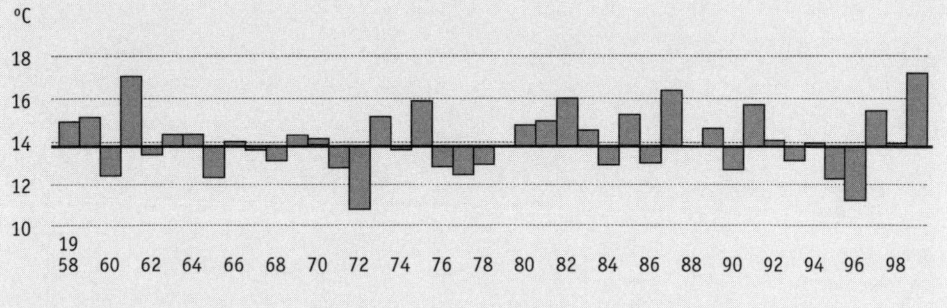

Oktober

Der Herbst ist in diesem Monat auf seinem Höhepunkt angelangt. Nicht nur die Laubverfärbung, sondern auch die noch häufig sonnige Witterung führten zu der Bezeichnung »Goldener Oktober«. Der Wetterablauf zeichnet sich im Oktober oft durch ruhige Perioden aus, wobei es zu leichten nächtlichen Strahlungsfrösten und zu Nebel in den Morgenstunden kommen kann. Unfreundliche Abschnitte sind ebenso wenig auszuschließen, wie bereits auch erste Schneefälle möglich sind.

Extreme Witterungsereignisse seit 1878

Der wärmste Oktober trat mit einem Temperaturmonatsmittel von 12,3 °C 1995 auf, gefolgt von dem sonnenscheinreichsten Oktober des Jahres 1921. Überdurchschnittlich warm zeigte sich dieser Monat auch in den Jahren 1942, 1966 und 1967. Dabei kam es 1942 und 1966 gar zu jeweils zwei Sommertagen mit Temperaturen über 25 °C.
Wie frostig es in diesem Monat bereits sein kann, beweist der Oktober des Jahres 1905 mit insgesamt 11 Frosttagen. Zu kalt fiel der Oktober auch in den Jahren 1881, 1887, 1919, 1922 und 1974 aus. Die Temperaturen sanken hier zum Teil erheblich unter 0 °C. Um die Schwalben vor dem Erfrieren zu bewahren, wurden sie 1974 mit Flugzeugen in den Süden geflogen.

Die überlieferten Bauernregeln lauten: »St. Burkhardi (11. Oktober) Sonnenschein, schüttet Zucker in den Wein« aber »Oktoberschnee tut Pflanzen und Tieren weh« und »Oktober rau, Januar flau.«

Monatsmitteltemperaturen von 1878 bis 1999, Stuttgart-Hohenheim
(langjähriges Monatsmittel +8,6°C)

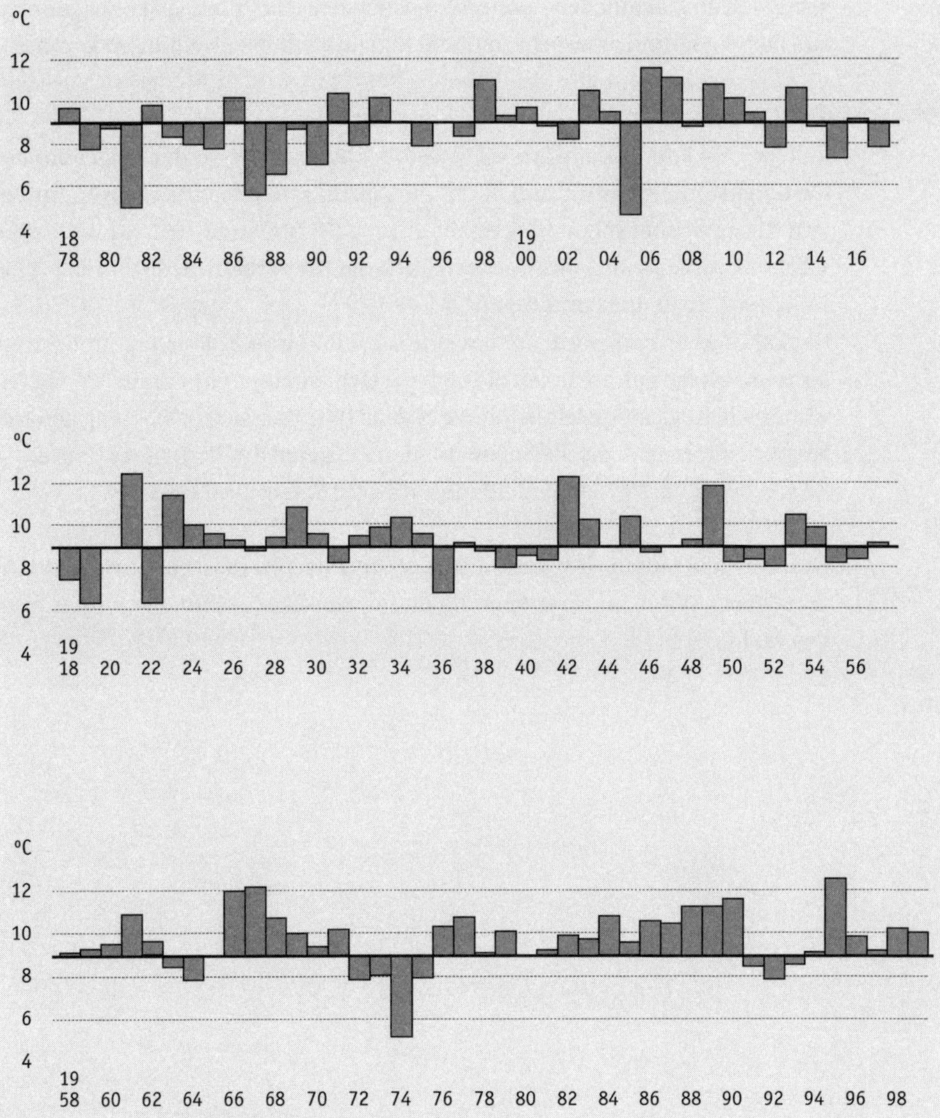

November

Im letzten Herbstmonat ist die Witterung oft durch eine Umstellung auf frühwinterliche Verhältnisse geprägt, wobei dies teilweise unter stürmischen Bedingungen stattfindet. Bereits jetzt können die Nächte empfindlich kalt werden. Oft lösen sich die nächtlichen Ausstrahlungsnebel tagsüber nur spät oder gar nicht auf. Dennoch kann es zu sehr freundlichen und milden Abschnitten kommen.

Extreme Witterungsereignisse seit 1878

Im Jahr 1994 konnte der wärmste November beobachtet werden. Das Temperaturmonatsmittel übertraf um 4,1 °C die Norm, sein absolutes Maximum von 20,8 °C wurde aber schon in den Jahren 1895 (21,8 °C) und 1968 (21,0 °C) überschritten. Auffallend zu warm waren auch die November von 1913, 1930, 1938, 1951, 1963, 1970, 1982 und 1992.
Der kälteste November war der des Jahres 1921. Er wies 21 Frosttage und darunter zehn Eistage auf, an denen die tägliche Höchsttemperatur unter 0 °C lag. Mit winterlichem Gepräge leitete dieser Monat 1962 den seit 1878 strengsten und längsten Winter ein, der sogar zum totalen Zufrieren des Bodensees führte.
Zu kalt fielen die November der Jahre 1879, 1915, 1985 und 1993 aus.

Bauernregeln lauten: »November tritt oft hart herein, muss nicht viel dahinter sein« aber »Blühn' im November die Bäum' aufs Neu, währet der Winter bis in den Mai.«

Monatsmitteltemperaturen von 1878 bis 1999, Stuttgart-Hohenheim
(langjähriges Monatsmittel +3,9°C)

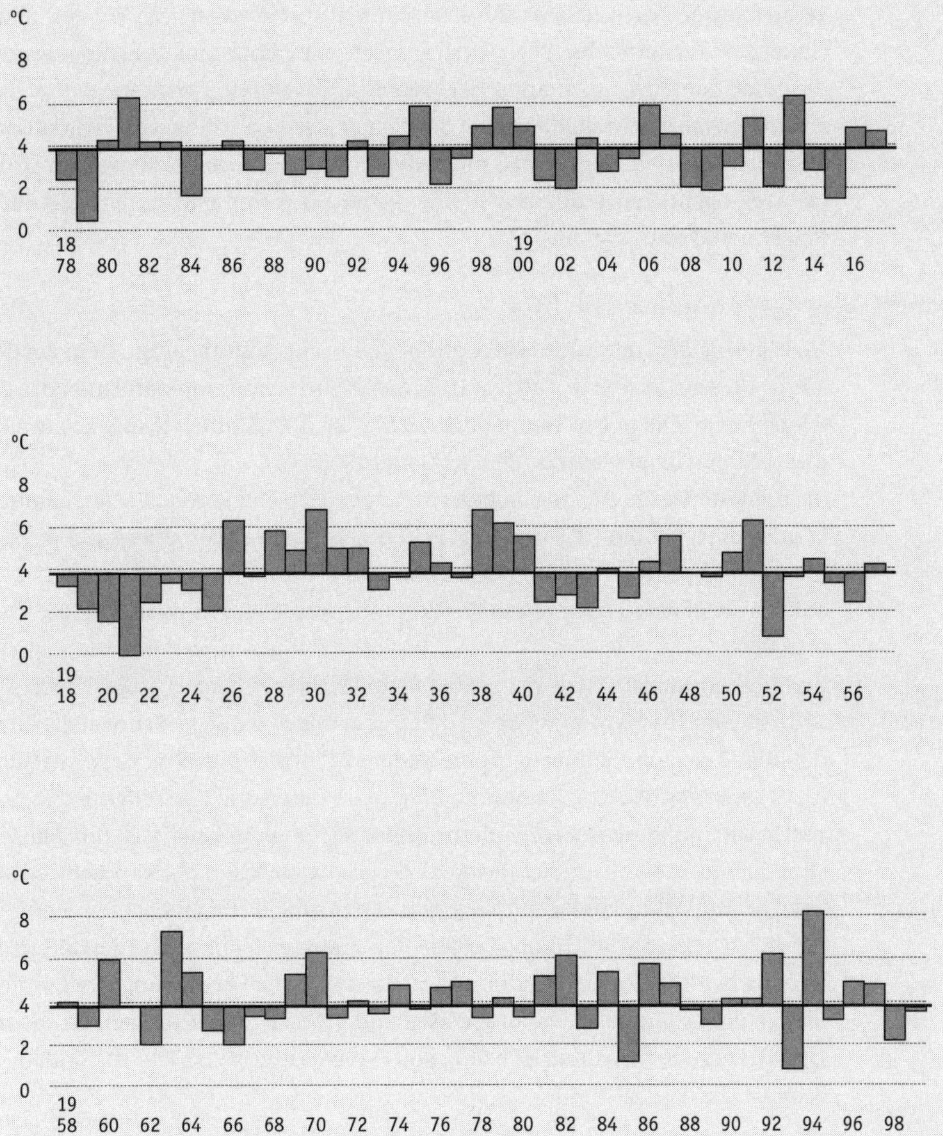

Dezember

In dem im meteorologischen Sinn als Ganzmonat zum Winter zu zählenden Dezember können – wie in den beiden Folgemonaten – die gegensätzlichsten Temperaturen herrschen. Kräftige Kaltlufteinbrüche unter dem Vorstoß eines sibirischen Winterhochs sind ebenso möglich, wie frühlingshafte Temperaturen, die durch den Zustrom atlantischer Meeresluft zu Stande kommen.
Die sich alljährlich stellende Frage nach einer »weißen Weihnacht«, wird in unserem Raum erfahrungsgemäß nur selten erfüllt. Bekannt ist das sprichwörtliche Weihnachtstauwetter, das oft einer eventuell vorher entstandenen weißen Pracht den Garaus macht.

Extreme Witterungsereignisse seit 1878

Als kältester Dezember, und von wahrhaft arktischer Kälte geprägt, steht der des Jahres 1879 an der Spitze. Um fast 10 °C unterschritt das Temperaturmonatsmittel die Norm. Die tiefste Temperatur betrug -26,6 °C. Ähnlich frostig zeigte sich dieser Monat in den Jahren 1890, 1933 und 1969.
Als mildeste Dezember, mit nahezu 5 °C über dem langjährigen Monatsmittel, können die der Jahre 1915 und 1934 gelten. Die höchste Temperatur wurde 1915 mit +17,7 °C gemessen. Ähnliche frühlingshafte Werte traten 1953 mit +17,1 °C auf. Als ebenfalls zu mild gelten die Dezember von 1880, 1974, 1979, 1985, 1993 und 1994.
Zur größten Niederschlagsmenge in einem Dezember kam es im Jahr 1886 mit 112 l/m². Am 18. des Monats ging der Regen in ungewöhnliche Schneefälle über, die eine 50 cm hohe Schneedecke ausbildeten. Plötzlich einsetzender Frost führte zur Vereisung des Nassschnees an Bäumen, Masten und Telefonleitungen. Die Last ließ Baumkronen auseinanderbrechen, Telefonleitungen rissen und Masten stürzten um. Ein Lokalberichterstatter des »Schwäbischen Merkur« schwärmte jedoch: »Die Winterlandschaft zeigt sich von unvergleichlicher Schönheit.«
Am 26.12.1999 zog der Orkan »Lothar« von Frankreich kommend zerstörerisch über Baden-Württemberg. Er hinterließ eine Spur der Verwüstung: Todesopfer, umgeknickte Bäume, Gebäudeschäden und größere Verwüstungen, als die im Januar/Februar 1990 unter den Stürmen »Vivian« und »Wiebke« entstandenen, waren zu beklagen.

Monatsmitteltemperaturen von 1878 bis 1999, Stuttgart-Hohenheim

(langjähriges Monatsmittel +0,3°C)

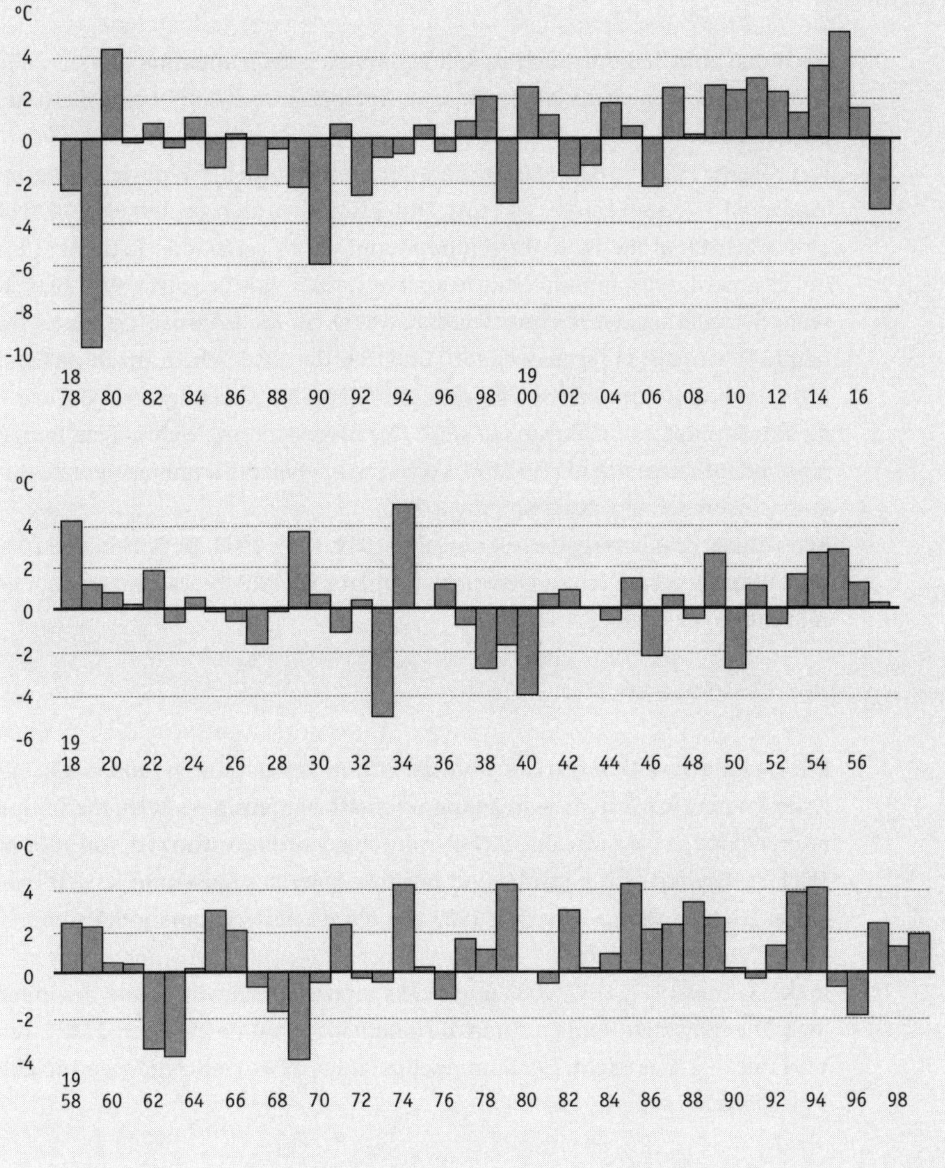

Frühjahr, Sommer, Herbst und Winter: Die Abweichungen vom Temperaturmittel

Frühjahr

Nach den zum Teil erheblich zu kalt verlaufenen Frühjahrsmonaten der Jahre 1878 bis 1911, zeigten die jahreszeitlichen Temperaturen bis 1924 eine meist steigende Tendenz.
Im Frühjahr 1925 trat ein »Märzwinter« mit spätwinterlichen Einbrüchen auf. An insgesamt 15 Tagen kam es zu Frost. Drei Eistage wurden gezählt. Von 1926 bis 1940 wechselten die Frühjahrstemperaturen oft zwischen den Extremen. Mal war es unterdurchschnittlich kalt, in anderen Jahren, wie beispielsweise 1934, als sechs Sommertage verzeichnet wurden, war es für die Jahreszeit zu warm. Das Jahr 1941 wies mit 34 Tagen nach 1883 und 1892 die dritthöchste Anzahl an Frosttagen im Frühling auf, dessen langjähriges Mittel 8,6 °C beträgt. Der Mai war in diesem Jahr der zweitkälteste seit 1902. Der insgesamt ungleichmäßige Temperaturverlauf setzte sich bis 1987 fort. Von da an blieben die Frühlingsmonate stets im positiven Bereich, ausgenommen 1996.
Als wärmste Frühjahre gelten die der Jahre 1934, 1945, 1989, 1998, 1999 und 2000. 1887 hingegen, kam es zum kältesten Frühjahr innerhalb des Untersuchungszeitraums (vgl. Grafik S. 132).

Sommer

Die steten Schwankungen der jahreszeitlichen Temperaturen fanden 1927 ihr Ende. Waren sie bis zu diesem Zeitpunkt meist zu niedrig, so fielen die Temperaturen danach bis zum Jahr 1939 überdurchschnittlich warm aus. Von 1941 bis 1982 wechselten sich negative und positive Abweichungen vom langjährigen Mittel (16,8°C) ab. Ab dem Jahr 1983 trat ein deutlicher Anstieg der sommerlichen Temperaturen auf.
In den Jahren 1911, 1947, 1983 und 1994 waren die Sommermonate besonders heiß. Die höchsten Temperaturen in Hohenheim wurden 1947 mit 37,0 °C und 1984 mit 36,4 °C erreicht. Der Sommer des Jahres 1956, verlief hingegen zu kühl (vgl. Grafik S. 133).

Herbst

Die Temperaturabweichungen dieser Jahreszeit (langjähriges Mittel 8,8 °C) gleichen den der vorangegangenen Monate. Während von 1878 bis 1925 die negativen Werte überwogen, traten in der Folge klar ersichtlich positive Schwankungen auf. Diese Veränderung zeigte sich in den Jahren 1929, 1934, 1947, 1949, 1961, 1982, 1987 und 1994 besonders deutlich. Einen Hinweis auf die negativen Temperaturschwankungen geben die Herbstmonate der Jahre 1887, 1912, 1922 sowie 1952 (vgl. Grafik S. 134).

Inversionslage im Herbst. Blick von der Stafflenbergstraße über Stuttgart.

Winter

Den stärksten Temperaturschwankungen unterliegt die Winterzeit (langjähriges Mittel: 0,0 °C). Von 1878 bis 1897 war es fast durchweg zu kalt. Die niedrigste Temperatur im Stuttgarter Raum wurde mit -26,6 °C im Dezember 1879 gemessen. Ähnliche Tiefsttemperaturen wurden im Dezember 1939 mit -25,8 °C und im Januar 1987 mit -24,4 °C erreicht. Von 1898 bis 1927 überwogen die milderen Winter, aber 1928/29 kam es jedoch zu einem Kälteeinbruch, der den drittkältesten Winter des Beobachtungszeitraums mit sich brachte. Von 1939/40 bis 1946/47 traten, nach relativ mäßigen Abweichungen, wiederum sehr kalte Winter auf. Nach 15 Jahren mit sich annähernden positiven und negativen Abweichungen, uferte der Winter 1962/63 durch lang anhaltende Kälte erheblich aus. Es kam sogar zum Zufrieren des Bodensees. In der Folge pendelten sich die winterlichen Temperaturen wieder in den üblichen Schwankungsbereich ein, um ab 1987/88 fast durchweg zu mild auszufallen. Einer der mildesten Winter, neben dem des Jahres 1915/16, trat daher 1989/90 auf. In den Jahren 1879/80, 1894/95, 1928/29 und 1962/63 waren die Winter aufgrund erheblicher Kälteeinbrüche überdurchschnittlich kalt (vgl. Grafik S. 135).

Auf dem Neckar verkeilten sich im Winter 1928/29 gewaltige Eisschollen ineinander, die in der Folge gesprengt werden mussten.

Die Jahre von 1878 bis 2000

Von 1878 bis 1896 blieben die Temperaturen deutlich hinter den Durchschnittswerten zurück (langjähriges Mittel 8,5 °C). Danach setzte ein fast steter Wechsel zwischen zu warmen und zu kalten Jahren ein, bis sich im Jahr 1934 ein erheblicher Temperaturüberschuss von 1,6 °C einstellte. In der Folge blieb es bis 1938 zu warm. In den vier sich anschließenden Jahren kam es wiederum zu einem Absinken der Temperaturen, was sich jedoch ab 1943 änderte. Die nächsten zehn Jahre zeichneten sich im Schnitt durch zu hohe Temperaturen aus. Eine Ausnahme bildet lediglich das Jahr 1944. Nach den unternormal verlaufenen, viel zu kalten Jahren 1954 bis 1956, 1962, 1963 und 1965 strebte der Temperaturverlauf, erst mit Schwankungen, dann immer stetiger in den positiven Bereich. Als Spitzenreiter des 20. Jahrhunderts zeichnete sich der Jahrgang 1994 aus (+1,8 °C), da es hier in allen Jahreszeiten zu Temperaturüberschüssen kam, um nochmals 0,2 °C wärmer verabschiedete sich das Jahr 2000.
Die Gunst der Witterung, und nicht nur die verbesserten Anbau- und Pflegemaßnahmen gegenüber früheren landwirtschaftlichen Arbeitsmethoden, führte in den unter Erwärmung verlaufenen Jahren zu besten Ernteergebnissen und brachte reichliche Spitzenweine hervor.
Speziell die Winzer schwärmen über ungewöhnlich milde Winter, denen sich feuchtwarme Witterung im Frühjahr anschließt, welche für einen frühen Austrieb sorgt. Folgt dann noch ein »Bilderbuchsommer«, kommt es zum Heranwachsen eines großen Jahrgangs. Unsere so oft von der schädigenden Witterung geplagten Altvorderen hätten solche unter Erwärmung stehenden Phasen, als »gute Jahre« bezeichnet.
In der Gesamtansicht müssen die Jahre 1934, 1989, 1994, 1998, 1999 und 2000 als äußerst warme Jahre gelten. Auf der Seite der kältesten Jahre stehen die von 1879, 1940, 1956 und 1963 (vgl. Grafik S. 136).

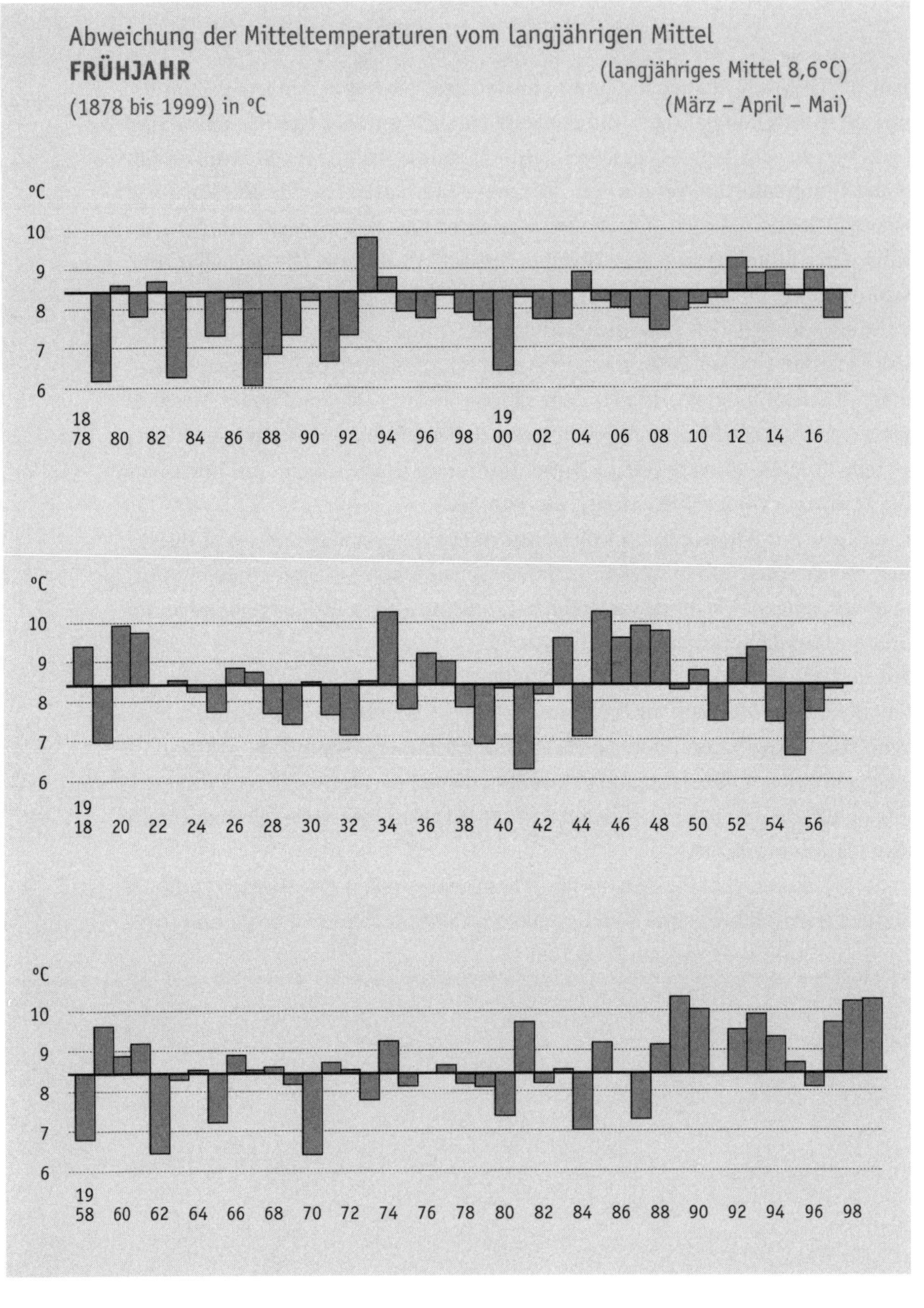
Abweichung der Mitteltemperaturen vom langjährigen Mittel
FRÜHJAHR
(langjähriges Mittel 8,6°C)
(1878 bis 1999) in °C
(März – April – Mai)
°C
10
9
8
7
6
18
78 80 82 84 86 88 90 92 94 96 98
19
00 02 04 06 08 10 12 14 16
°C
10
9
8
7
6
19
18 20 22 24 26 28 30 32 34 36 38 40 42 44 46 48 50 52 54 56
°C
10
9
8
7
6
19
58 60 62 64 66 68 70 72 74 76 78 80 82 84 86 88 90 92 94 96 98

Abweichung der Mitteltemperaturen vom langjährigen Mittel

SOMMER (langjähriges Mittel 16,8°C)

(1878 bis 1999) in °C (Juni – Juli – August)

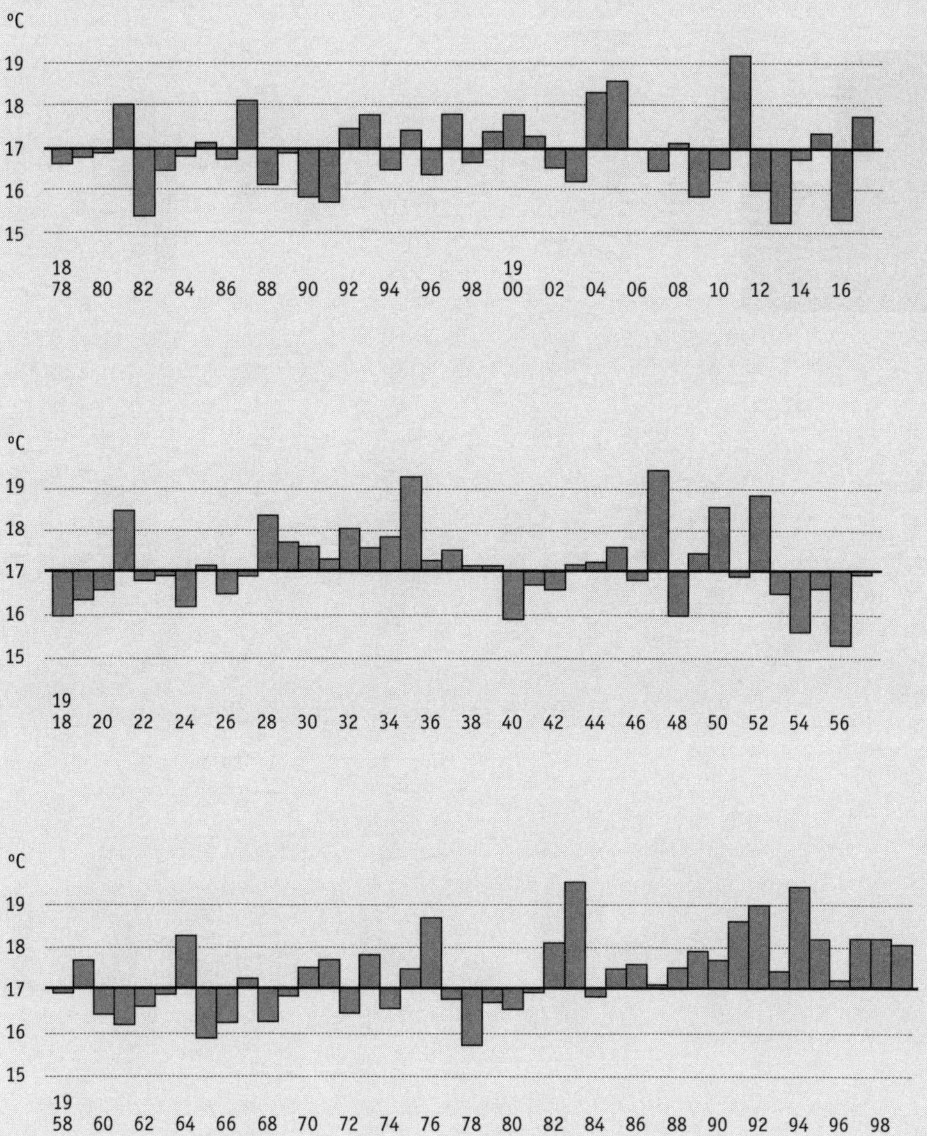

Abweichung der Mitteltemperaturen vom langjährigen Mittel

HERBST (langjähriges Mittel 8,8°C)

(1878 bis 1999) in °C (September – Oktober – November)

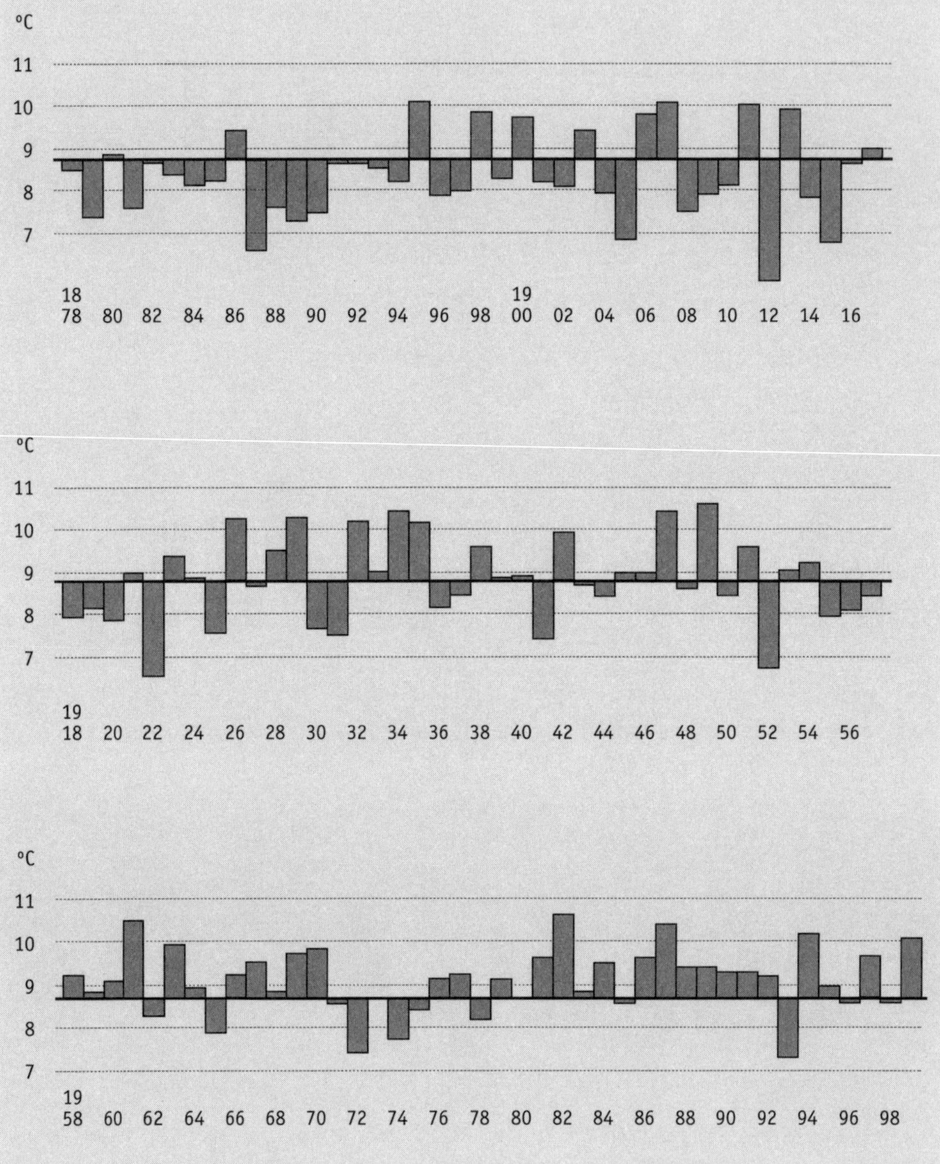

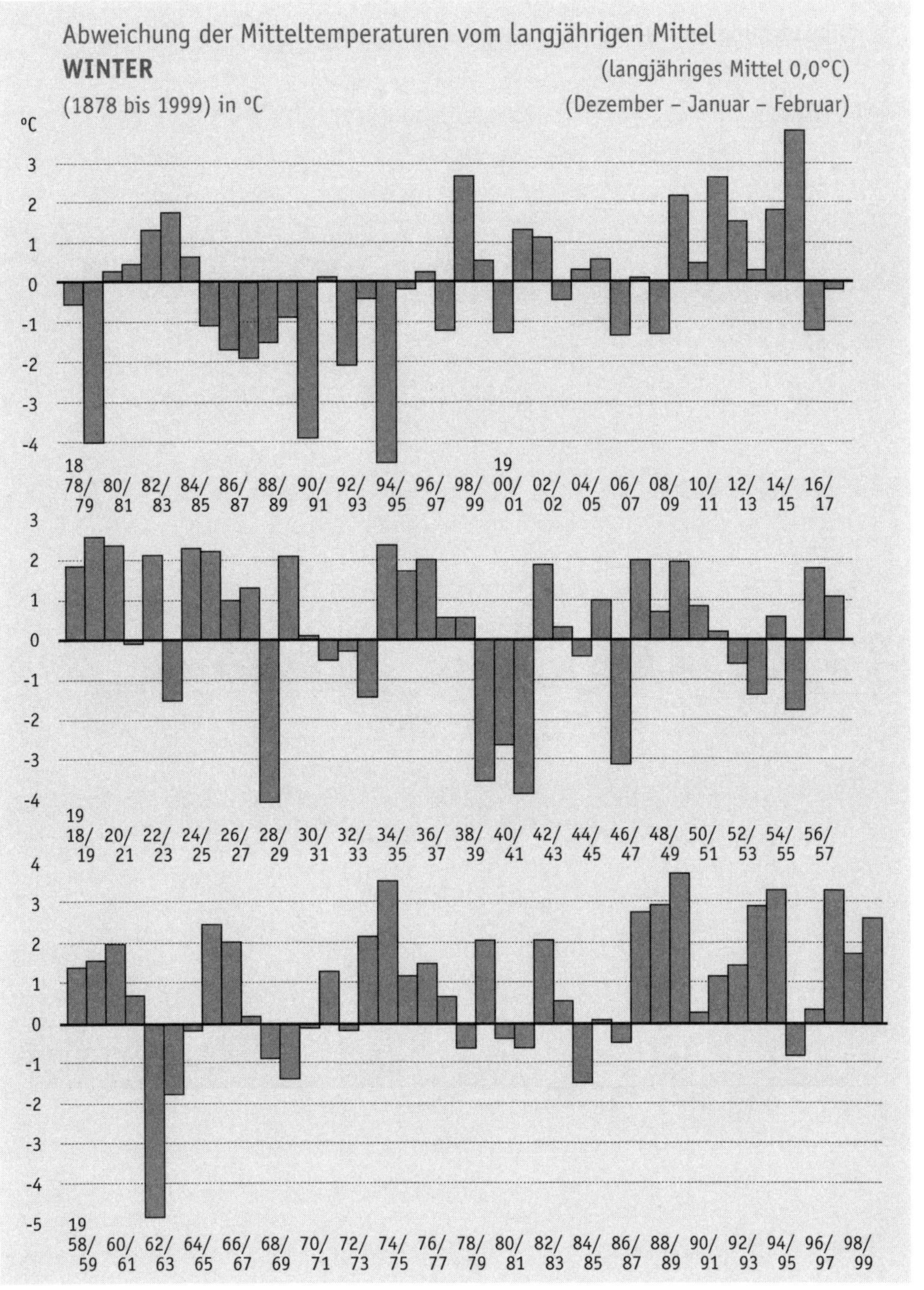
Abweichung der Mitteltemperaturen vom langjährigen Mittel
WINTER
(langjähriges Mittel 0,0°C)
(1878 bis 1999) in °C
(Dezember – Januar – Februar)
°C
3
2
1
0
-1
-2
-3
-4
18
78/79 80/81 82/83 84/85 86/87 88/89 90/91 92/93 94/95 96/97 98/99
19
00/01 02/02 04/05 06/07 08/09 10/11 12/13 14/15 16/17
19
18/19 20/21 22/23 24/25 26/27 28/29 30/31 32/33 34/35 36/37 38/39 40/41 42/43 44/45 46/47 48/49 50/51 52/53 54/55 56/57
4
-5
19
58/59 60/61 62/63 64/65 66/67 68/69 70/71 72/73 74/75 76/77 78/79 80/81 82/83 84/85 86/87 88/89 90/91 92/93 94/95 96/97 98/99

Abweichung der Jahresmitteltemperaturen vom langjährigen Mittel
(1878 bis 1999) in °C

(langjähriges Mittel 8,5°C)

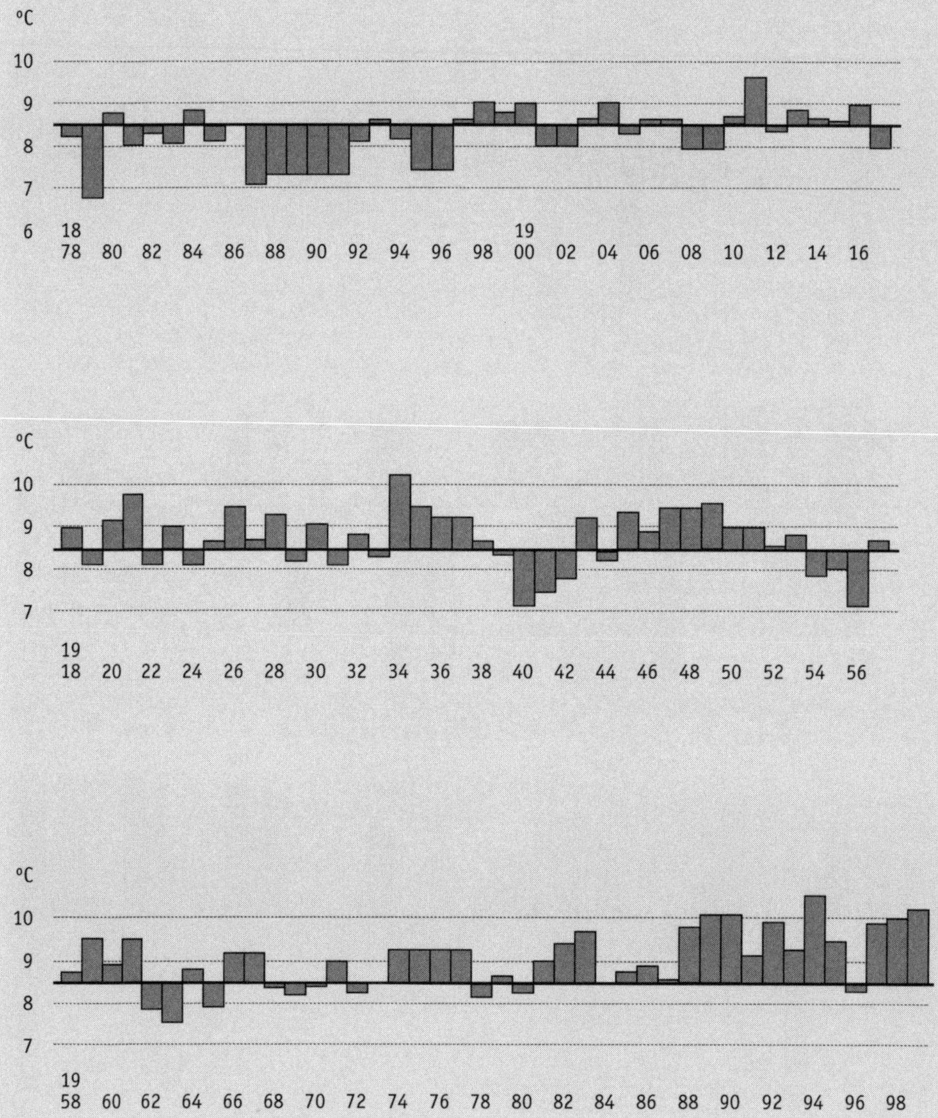

Auf Regen folgt meist Sonnenschein

Gute Vergleiche lassen sich zwischen den niederschlagsreichen und den sonnenscheinarmen Jahren anstellen, insbesondere in Hinblick auf die Verteilung in den einzelnen Jahreszeiten.

Die größte Schwankungsbreite der Niederschlagsmengen wird während der Sommermonate verzeichnet. In dieser Jahreszeit können auch in Hinblick auf die Sonnenscheindauer erhebliche Abweichungen auftreten. Die diesbezüglich geringsten Unterschiede sind, entgegen Schwankungen im Temperaturbereich, in den Wintermonaten zu erwarten. Aus den Aufzeichnungen lassen sich jedoch keine extremen Trockenperioden ablesen, wie sie zum Beispiel 1911 auftraten. In diesem Jahr kam es nach einem heißen Juli und August sowie einigen extrem warmen Septembertagen in Stuttgart zu Trinkwassermangel. Ähnliche Verhältnisse traten im sonnig-trockenen Sommer 1952 auf, als der Bodenwasserhaushalt aufgrund fehlender Niederschläge an die Verarmungsgrenze geriet. Der heiß-trockene Juni und Juli des Jahres 1976 ließen Grünflächen zu Steppen verkommen. Die dürregeschädigten Kulturen konnten sich selbst durch übernormal hohe Niederschläge Ende Juli nicht wieder regenerieren. Im letzten Dezennium dieses Jahrhunderts kam es trotz einer übernormalen Sonnenscheindauer und Erwärmung nur 1991 zu Niederschlagsmangel, der sich bis auf die Monate März, September, November und Dezember gravierend bemerkbar machte. Im August sank die Bodenfeuchte auf null Prozent der pflanzennutzbaren Kapazität und die Vegetation erlitt erhebliche Trockenschäden.

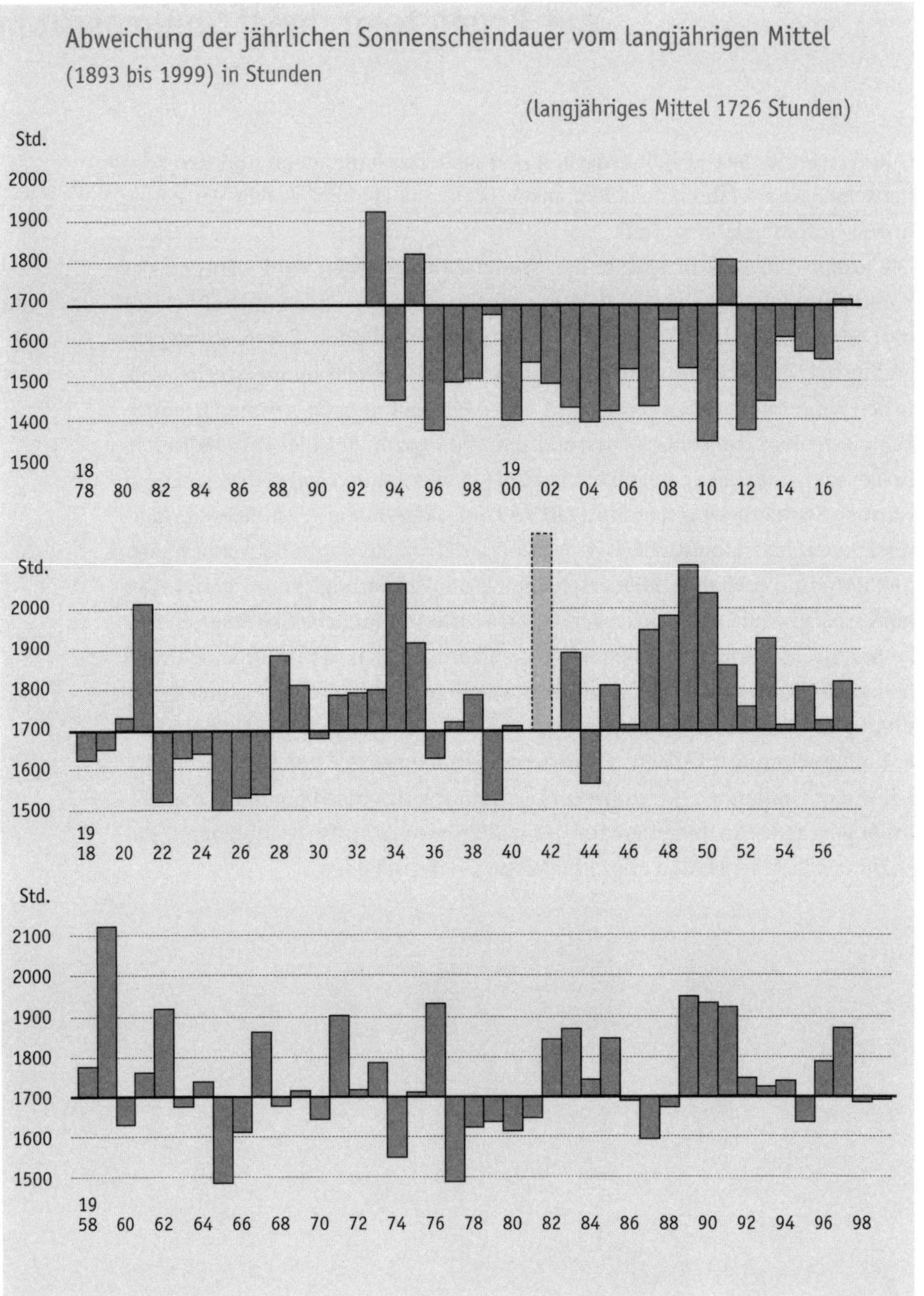
Abweichung der jährlichen Sonnenscheindauer vom langjährigen Mittel
(1893 bis 1999) in Stunden
(langjähriges Mittel 1726 Stunden)
Std.
2000
1900
1800
1700
1600
1500
1400
1500
18
78 80 82 84 86 88 90 92 94 96 98
19
00 02 04 06 08 10 12 14 16
Std.
2000
1900
1800
1700
1600
1500
19
18 20 22 24 26 28 30 32 34 36 38 40 42 44 46 48 50 52 54 56
Std.
2100
2000
1900
1800
1700
1600
1500
19
58 60 62 64 66 68 70 72 74 76 78 80 82 84 86 88 90 92 94 96 98

Abweichung der jährlichen Niederschlagssumme vom langjährigen Mittel
(1878 bis 1999) in l/m^2

(langjähriges Mittel 698 l/m^2)

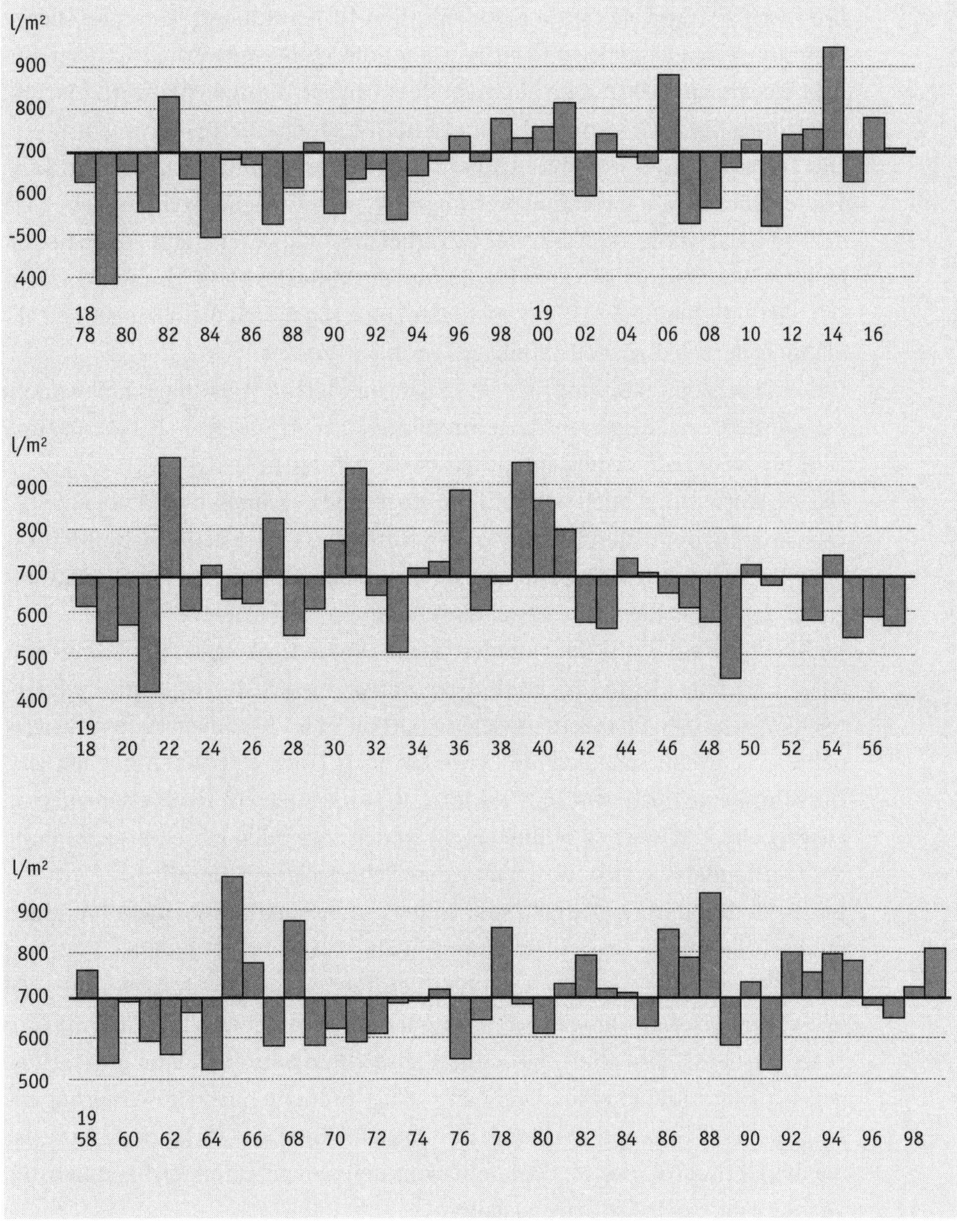

Achthundert Jahre Wetter: Ein Resümee

Die wenigen überlieferten Berichte aus dem 13. Jahrhundert lassen für diesen Zeitraum keine detaillierte Übersicht über die Witterungsverhältnisse zu. Bekannt ist die um 1000 n. Chr. einsetzende Warmzeit, die den Wikingern für rund 300 Jahre günstige Lebensbedingungen in Grönland sicherte.

Das 14. Jahrhundert war einer klimatischen Änderung unterworfen. Sehr kalte Winter wurden selten von milderen abgelöst, wie es beispielsweise im Jahr 1328 der Fall war. Die Vegetationsperioden verliefen häufig unter ungünstigen Bedingungen. Während der »Kleinen Eiszeit« um die Mitte des 14. Jahrhunderts wuchsen die Gletscher in den Alpen an. In der Folge zogen sich die Wikinger erst allmählich, dann jedoch vollständig aus Grönland zurück.

Die Tendenz zur Abkühlung hielt im 15. Jahrhundert an. Allerdings kam es durch das Auftreten von insgesamt 12 subtropisch-warmen Jahren (1420 bis 1428 und 1482 bis 1484) zu enormen Temperaturschwankungen.

Das 16. Jahrhundert blieb von zum Teil ausufernden Klimaschwankungen nicht verschont. In der ersten Hälfte dieses Jahrhunderts wechselten sich unternormale Temperaturen mit Wärmeüberschüssen ab. Die Ernten fielen ab 1550 aufgrund der ungünstigen klimatischen Verhältnisse schlecht aus.

Im Rückblick auf das 17. Jahrhundert ist die Ungleichmäßigkeit des Klimas auffallend. Im ersten Drittel des Jahrhunderts überwogen in der Regel kalte, schneereiche Winter. Die Pflanzenentwicklung litt oft unter negativen Witterungsverhältnissen; weder schädigende Unwetter noch Trockenperioden blieben aus. Gute Ernteergebnisse von 1629 bis 1631, 1634 und 1639 bis 1655 lassen auf eine ausgeglichene Witterung schließen, die in den folgenden Jahren bis zum Ende des Jahrhunderts jedoch wieder enormen Schwankungen unterlag.

Im 18. Jahrhundert überwogen sehr kalte Winter. Selten verlief diese Jahreszeit mild, wie beispielsweise in den Jahren 1710 bis 1713, 1727, 1732, 1753, 1759 und gar 1790, als im Januar die Baumblüte einsetzte. Auch 1791, 1796 und 1798 herrschten günstige Klimaverhältnisse. Zu einer gegenteiligen Entwicklung kam es im Jahr 1767, als witterungsbedingt Missernten auftraten. Eine große Hungersnot folgte auf dem Fuß. Drei Jahre später hinderte nasskalte Witterung bis Juli jegliche Pflanzenentwicklung. Der längste Winter des 18. Jahrhunderts war der des Jahres 1785: Erst im September konnten die Erntearbeiten beginnen, die Weinlese musste vollständig ausfallen.

Im 19. Jahrhundert kam es in Abhängigkeit vom Tiefstand der Temperaturen von 1809 bis 1817 (außer 1811) zu schlechten Ernteergebnissen und großen Hungersnöten. Wärmere Perioden wurden von 1818 bis 1836, 1840, 1845, 1849 und von 1854 bis 1873 beobachtet. Die bis 1896 folgenden Jahrgänge fielen alle unterdurchschnittlich kühl aus.
Auch im 20. Jahrhundert kann von einer Gleichmäßigkeit des Temperaturverlaufs keine Rede sein. So wie es utopisch ist, die dreißigjährigen Mittelwerte als eine Messlatte über die Jahreszeiten zu legen, genauso unwahrscheinlich ist es, die statistischen Werte stets zu erreichen. Dennoch geht aus dem bewährten Vergleich Messungen – Norm hervor, in welche Richtung die Abweichungen tendieren.
Die Jahresmittel wechselten von 1900 bis 1933 in fast regelmäßiger Folge von zu milden in zu kühle Bereiche. Den sechs zu warmen Jahrgängen von 1934 bis 1939 folgten von 1940 bis 1942 erheblich unterdurchschnittliche Temperaturen. Danach ergaben sich sowohl positive als auch negative Abweichungen, bis ab 1981 allmählich, seit 1988 deutlich steigende Tendenzen auszumachen sind. Lediglich das Jahr 1996 bildet hier eine Ausnahme. Die Erfahrung lehrt, dass es nicht ungewöhnlich ist, Serien von »Abweichlern« zu erleben, was die Zeitreise durch verschiedene Epochen bewies.

Nach der Betrachtung des Wetterablaufs innerhalb von überschaubaren Zeiträumen in den letzten Jahrhunderten ist es möglich, gemachte Vorhersagen bezüglich künftiger Witterungsentwicklungen zu bewerten. Die eingesetzten »langjährigen Mittel«, die auf dreißigjähriger Beobachtungsdauer samt ihren positiven und negativen Schwankungen basieren, werden nie eine Richtschnur für bestimmte Erwartungen sein. Wie in den vergangenen Jahrhunderten wird es zu überraschenden Abweichungen kommen müssen und es bleibt fraglich, ob der Mensch jemals in der Lage sein wird, das Klima zu lenken. Wie eh und je wird es sich einer exakten Vorhersage entziehen.
Die Menschheit wird weiter zur Luftverschmutzung und -belastung beitragen, den Schaden hat sie selbst zu tragen. Die Versiegelung der Landschaft wird unter dem absehbaren Anwachsen der Bevölkerung zunehmen, letztlich bleibt die Frage nach der Erträglichkeit des Lebens auf unserem Blauen Planeten. Massive Naturereignisse und -katastrophen treffen auf übersiedelte Gebiete und rufen größere Schäden als je geschehen hervor. Seriöse Meteorologen und Klimaforscher meiden die Prognose einer Katastrophensteigerung, wohl wissend von der unvorhersehbaren Veränderlichkeit des Wettergeschehens.

Nie aber entstand – auch heute nicht – vielfältigeres Leben als nach Naturkatastrophen wie Lawinen, Waldbränden und Stürmen. So prophezeien Biologen, dass Fauna und Flora gerade aus der Ödnis infolge einer Katastrophe einen spektakulären Neubeginn erleben werden. »Veränderte Standortbedingungen bewirken eine neue Dynamik« so die Biologin Veronika Stöckli vom Eidgenössischen Institut für Schnee und Lawinenforschung SLF in Davos. Auch das Orkantief »Lothar« vom 26. Dezember 1999 ist für die französische Forstbehörde »Office National de Forêts« kein Grund, die zerstörten Bereiche der zum Teil überalterten Bestände anzurühren. Die neu ernannten »Trümmerreservate« seien ein Refugium für neues Leben.

Ähnlich wie nach Waldbränden kommt es zu einer Runderneuerung und es zeigt sich eine Artenvielfalt, die in einem verdichteten Wald in ihrer Entwicklung behindert war. Zur eigenen Erneuerung hat die Natur selbst Feuerwerke in der Hinterhand. Blitze und Vulkane lösen Brände aus. Bei angepassten Bäumen wie beispielsweise Kiefern und einigen Fichtenarten, werden die Samen erst nach dem Feuer keimfähig, wenn aufgrund der Hitze das den Samen umgebende Harz schmilzt. Konkurrenten im Kampf um das Licht verschwinden, mineralreiche Asche ermöglicht beste Startbedingungen für keimendes Leben, das unter Regen frisches Grün entfaltet. In vielen amerikanischen Wäldern wird Feuer häufig gezielt eingesetzt. »Prescribed burning« ist laut der Fachzeitschrift »American Forests«, das effektivste Mittel zur Landschaftspflege. In dem Maß, wie unsere Landschaften heute zu Freizeitarenen umgebaut werden, schwindet das Wissen um natürliche Gefahren und deren erneuernde Wirkungen. Am Ende einer Katastrophe erstellt man Schadensbilanzen, die erschreckend ausfallen, die Vielfalt der Natur jedoch gewinnt.

Wilhelm Abel, Geschichte der deutschen Landwirtschaft vom frühen Mittelalter bis zum 19. Jahrhundert. Stuttgart 1978.

Otto Borst, Stuttgart, die Geschichte der Stadt. Stuttgart 1986.

Deutscher Wetterdienst, Meteorologische Jahrbücher. Offenbach.

Waltraud Düwel-Hösselbarth, Klimaschwankungen, die Jahreszeiten 1878–1980 in Stuttgart Hohenheim. Universität Hohenheim 1981.

Waltraud Düwel-Hösselbarth, Chronik der Hohenheimer meteorologischen Beobachtungen von 1878 bis 1977. Universität Hohenheim 1982.

Waltraud Düwel-Hösselbarth, Eine Betrachtung extremer Witterungsereignisse von 1878 bis 1984. Universität Hohenheim 1985.

C. Easton, Eine Scala für die Strenge der Winter für zwei Jahrtausende. Leyden 1928.

Goethe reist durchs Schwabenland. Aus Goethes Tagebüchern und Briefen, herausgegeben von Erika Neuhäuser. Stuttgart 1941.

Carl Theodor Griesinger, Das Schillerfest in Stuttgart 1839. In: Karl Pfaff, Geschichte der Stadt Stuttgart. Stuttgart 1845.

Ernst Heimeran, Konzepte des Abtes M. Knauer. München 1977.

Friedrich-Wilhelm Henning, Landwirtschaft und ländliche Gesellschaft in Deutschland. 2 Bde. Paderborn 1978/1979.

Inge Henning-Müller, Meteorologische Monatsberichte, Stuttgart-Hohenheim. Herausgegeben vom Institut für Physik und Meteorologie der Universität Hohenheim. Stuttgart-Hohenheim 1985 bis 1999.

Jürgen Hultenreich, Mein Erfurt. Frankfurt/M. 1994.

Hugh Johnson, Das große Buch der Bäume. Bern/Stuttgart 1978.

Friedrich Keidel, Bilder aus Degerlochs Vergangenheit. Stuttgart 1926.

Karl Keil, Handwörterbuch der Meteorologie. Frankfurt/M. 1950.

Werner Keller, Und wurden zerstreut unter alle Völker. München/Zürich 1966.

Günther Link, Stuttgart und sein Wein. Stuttgart 1993.

Johann Daniel Georg Memminger, Württembergische Jahrbücher für Geschichte, Geographie, Statistik und Topographie ab 1846 bis 1850. Stuttgart/Tübingen 1846–1950.

Jochem Nietzold, Phänologie. Vom Rhythmus des Zeitleibes der Pflanzen im Jahreslauf. Beiträge zu einer kosmologischen Biologie. Stuttgart 1993.

Karl Pfaff, Geschichte der Stadt Stuttgart. Stuttgart 1845.

Christian Pfister, Wetternachhersage. Mannheimer Forum 1989/90. Ein Panorama der Naturwissenschaften. Mannheim 1990.

Matthias Pusch, Der Dreißigjährige Krieg 1618–1648. München 1978.

Wilhelm Ferdinand Ludwig Scheffer, Geschichts-Daten und Merkwürdigkeiten von Stuttgart. Stuttgart 1815.

Schoder und Plieninger, Württembergische Jahrbücher für Statistik und Landeskunde von dem Königlich Statistisch-Topographischen Bureau. Stuttgart 1851–1877.

Hans Schumann, Hohenheim. Bilder und Gestalten. Stuttgart 1982.

Oskar Wächter, Vehmgerichte und Hexenprozesse in Deutschland. Leipzig 1882.

Georg Wagner, Erd- und Landschaftsgeschichte von Schwaben und Franken. Tübingen/Stuttgart 1938.

Wetterstation Stuttgart-Hohenheim, Erfassungsdaten der Jahre 1878 bis 1999.

Hans-Jürgen Wolf, Hexenwahn. Herrsching 1990.

Bildnachweis

Archiv für Kunst und Geschichte (AKG), Berlin: S. 35, 47
J. Baumüller, Stuttgart: S. 129
Bayerische Staatsbibliothek München: S. 29
Bildarchiv Preußischer Kulturbesitz, Berlin: S. 28, 61
Deutsche Waldenservereinigung e.V., Ötisheim-Schönenberg: S. 70
W. Düwel-Hösselbarth, Stuttgart: S. 12
Fürstl. Waldburg-Zeil'sches Gesamtarchiv Schloss Zeil, Sig. ZAMS 54: S. 51
Landesmedienzentrum Baden-Württemberg, Stuttgart: S. 71, 92
(Foto: Dieter Jaeger), 96
Pressefoto Kraufmann & Kraufmann, Stuttgart: S. 25, 118
Stadtarchiv Stuttgart: S. 130
Städtisches Museum Ludwigsburg: S. 87
Württembergische Landesbibliothek, Stuttgart: S. 77
Zentralbibliothek Zürich: S. 45

Leider war es nicht in allen Fällen möglich, den Rechteinhaber der Abbildungen ausfindig zu machen. Berechtigte Ansprüche werden selbstverständlich im Rahmen der üblichen Vereinbarungen abgegolten.